TRANZLATY

Sprache ist für alle da

Sproget er for alle

Das Kommunistische Manifest

Det Kommunistiske Manifest

Karl Marx
&
Friedrich Engels

Deutsch / Dansk

Published by Tranzlaty
ISBN: 978-1-80572-327-1
Original text by Karl Marx and Friedrich Engels
The Communist Manifesto
First published in 1848
www.tranzlaty.com

Einleitung

Indførelsen

Ein Gespenst geht um in Europa – das Gespenst des Kommunismus

Et spøgelse hjemsøger Europa — kommunismens spøgelse

Alle Mächte des alten Europa sind eine heilige Allianz eingegangen, um dieses Gespenst auszutreiben

Alle magter i det gamle Europa har indgået en hellig alliance for at uddrive dette spøgelse

Papst und Zaren, Metternich und Guizot, französische Radikale und deutsche Polizeispione

Paven og zaren, Metternich og Guizot, franske radikale og tyske politispioner

Wo ist die Oppositionspartei, die von ihren Gegnern an der Macht nicht als kommunistisch verschrien wurde?

Hvor er det oppositionsparti, der ikke er blevet fordømt som kommunistisk af sine modstandere ved magten?

Wo ist die Opposition, die nicht den Brandvorwurf des Kommunismus gegen die fortgeschritteneren Oppositionsparteien zurückgeschleudert hat?

Hvor er oppositionen, der ikke har kastet kommunismens brændevaremærkebebrejdelse tilbage mod de mere avancerede oppositionspartier?

Und wo ist die Partei, die den Vorwurf nicht gegen ihre reaktionären Gegner erhoben hat?

Og hvor er det parti, der ikke har fremsat anklagen mod sine reaktionære modstandere?

Aus dieser Tatsache ergeben sich zweierlei

To ting følger af denne kendsgerning

I. Der Kommunismus wird bereits von allen europäischen Mächten als eine Macht anerkannt

I. Kommunismen er allerede anerkendt af alle europæiske magter som en magt

II. Es ist höchste Zeit, dass die Kommunisten ihre Ansichten, Ziele und Tendenzen offen vor der ganzen Welt offenlegen

II. Det er på høje tid, at kommunisterne åbent, over for hele verden, offentliggør deres synspunkter, mål og tendenser

sie müssen diesem Kindermärchen vom Gespenst des Kommunismus mit einem Manifest der Partei selbst begegnen

de må møde denne børnefortælling om kommunismens spøgelse med et manifest fra selve partiet

Zu diesem Zweck haben sich Kommunisten verschiedener Nationalitäten in London versammelt und folgendes Manifest entworfen

Med henblik herpå har kommunister af forskellige nationaliteter samlet sig i London og skitseret følgende manifest

Dieses Manifest wird in deutscher, englischer, französischer, italienischer, flämischer und dänischer Sprache veröffentlicht

Dette manifest skal offentliggøres på engelsk, fransk, tysk, italiensk, flamsk og dansk

Und jetzt soll es in allen Sprachen veröffentlicht werden, die Tranzlaty anbietet

Og nu skal den udgives på alle de sprog, som Tranzlaty tilbyder

Bourgeois und Proletarier

Borgerskabet og proletarerne

Die Geschichte aller bisherigen Gesellschaften ist die Geschichte der Klassenkämpfe

Historien om alle hidtil eksisterende samfund er klassekampens historie

Freier und Sklave, Patrizier und Plebejer, Herr und Leibeigener, Zunftmeister und Geselle

Frimand og slave, patricier og plebejer, herre og livegen, lavsmester og svend

mit einem Wort, Unterdrücker und Unterdrückte

kort sagt, undertrykker og undertrykt

Diese sozialen Klassen standen in ständiger Opposition zueinander

Disse sociale klasser stod i konstant modsætning til hinanden

Sie führten einen ununterbrochenen Kampf. Jetzt versteckt, jetzt offen

de førte en uafbrudt kamp. Nu skjult, nu åbent

Ein Kampf, der entweder in einer revolutionären Rekonstitution der Gesellschaft als Ganzes endete

en kamp, der enten endte i en revolutionær rekonstruktion af samfundet som helhed

oder ein Kampf, der im gemeinsamen Ruin der streitenden Klassen endete

eller en kamp, der endte med de stridende klassers fælles ruin

Blicken wir zurück auf die früheren Epochen der Geschichte

Lad os se tilbage på de tidligere epoker i historien

Wir finden fast überall eine komplizierte Einteilung der Gesellschaft in verschiedene Ordnungen

Vi finder næsten overalt en kompliceret opstilling af samfundet i forskellige ordener

Es gab schon immer eine mannigfaltige Abstufung des sozialen Ranges

der har altid været en mangfoldig graduering af social rang

Im alten Rom gibt es Patrizier, Ritter, Plebejer, Sklaven

I det gamle Rom har vi patriciere, riddere, plebejere, slaver

im Mittelalter: Feudalherren, Vasallen, Zunftmeister, Gesellen, Lehrlinge, Leibeigene
i middelalderen: feudalherrer, vasaller, lavsmestre, svende, lærlinge, livegne

In fast allen diesen Klassen sind wiederum untergeordnete Abstufungen
i næsten alle disse klasser, igen underordnede gradueringer

Die moderne Bourgeoisie Gesellschaft ist aus den Trümmern der feudalen Gesellschaft hervorgegangen
Det moderne borgerlige samfund er spiret frem af ruinerne af det feudale samfund

Aber diese neue Gesellschaftsordnung hat die Klassengegensätze nicht beseitigt
Men denne nye samfundsorden har ikke afskaffet klassemodsætningerne

Sie hat nur neue Klassen und neue Unterdrückungsbedingungen geschaffen
Den har kun etableret nye klasser og nye betingelser for undertrykkelse

Sie hat neue Formen des Kampfes an die Stelle der alten gesetzt
den har etableret nye kampformer i stedet for de gamle

Die Epoche, in der wir uns befinden, weist jedoch eine Besonderheit auf
Men den epoke, vi befinder os i, har et særpræg

die Epoche der Bourgeoisie hat die Klassengegensätze vereinfacht
bourgeoisiets epoke har forenklet klassemodsætningerne

Die Gesellschaft als Ganzes spaltet sich mehr und mehr in zwei große feindliche Lager
Samfundet som helhed splittes mere og mere op i to store fjendtlige lejre

zwei große soziale Klassen, die sich direkt gegenüberstehen: Bourgeoisie und Proletariat
to store sociale klasser direkte over for hinanden: Bourgeoisie og proletariat

Aus den Leibeigenen des Mittelalters gingen die Bürger der ersten Städte hervor
Fra middelalderens livegne udsprang de chartrede borgere i de tidligste byer
Aus diesen Bürgern entwickelten sich die ersten Elemente der Bourgeoisie
Fra disse borgerskaber udviklede de første elementer af bourgeoisiet
Die Entdeckung Amerikas und die Umrundung des Kaps
Opdagelsen af Amerika og rundingen af Kap
diese Ereignisse eröffneten der aufstrebenden Bourgeoisie neues Terrain
disse begivenheder åbnede ny jord for det fremvoksende bourgeoisi
Die ostindischen und chinesischen Märkte, die Kolonisierung Amerikas, der Handel mit den Kolonien
De østindiske og kinesiske markeder, koloniseringen af Amerika, handel med kolonierne
die Vermehrung der Tauschmittel und der Waren überhaupt
Stigningen i byttemidlerne og i varer i almindelighed
Diese Ereignisse gaben dem Handel, der Schiffahrt und der Industrie einen nie gekannten Impuls
Disse begivenheder gav handel, navigation og industri en impuls, der aldrig før er kendt
Sie gab dem revolutionären Element in der wankenden feudalen Gesellschaft eine rasche Entwicklung
Det gav hurtig udvikling til det revolutionære element i det vaklende feudale samfund
Geschlossene Zünfte hatten das feudale System der industriellen Produktion monopolisiert
lukkede laug havde monopoliseret det feudale system for industriproduktion
Doch das reichte den wachsenden Bedürfnissen der neuen Märkte nicht mehr aus
men dette var ikke længere tilstrækkeligt til de nye markeders voksende behov

Das Manufaktursystem trat an die Stelle des feudalen Systems der Industrie

Fremstillingssystemet trådte i stedet for det feudale industrisystem

Die Zunftmeister wurden vom produzierenden Bürgertum auf die Seite gedrängt

Laugsmestrene blev skubbet til side af den manufakturistiske middelklasse

Die Arbeitsteilung zwischen den verschiedenen korporativen Innungen verschwand

arbejdsdelingen mellem de forskellige virksomhedslaug forsvandt

Die Arbeitsteilung durchdrang jede einzelne Werkstatt

arbejdsdelingen trængte ind i hvert enkelt værksted

In der Zwischenzeit wuchsen die Märkte immer weiter und die Nachfrage stieg immer weiter

I mellemtiden blev markederne ved med at vokse, og efterspørgslen steg stadigt

Selbst Fabriken reichten nicht mehr aus, um den Anforderungen gerecht zu werden

Selv fabrikker var ikke længere tilstrækkelige til at opfylde kravene

Daraufhin revolutionierten Dampf und Maschinen die industrielle Produktion

Herefter revolutionerede damp og maskiner industriproduktionen

An die Stelle der Manufaktur trat der Riese, die moderne Industrie

Pladsen for manufakturen blev overtaget af den gigantiske, moderne industri

An die Stelle des industriellen Mittelstandes traten industrielle Millionäre

den industrielle middelklasses plads blev overtaget af industrielle millionærer

an die Stelle der Führer ganzer Industriearmeen trat die moderne Bourgeoisie

Pladsen som ledere af hele industrihære blev overtaget af det moderne bourgeoisi

die Entdeckung Amerikas ebnete der modernen Industrie den Weg zur Etablierung des Weltmarktes

opdagelsen af Amerika banede vejen for, at den moderne industri kunne etablere verdensmarkedet

Dieser Markt gab dem Handel, der Schifffahrt und der Kommunikation auf dem Landweg eine ungeheure Entwicklung

Dette marked gav en enorm udvikling til handel, navigation og kommunikation til lands

Diese Entwicklung hat seinerzeit auf die Ausdehnung der Industrie reagiert

Denne udvikling har i sin tid reageret på udvidelsen af industrien

Sie reagierte in dem Maße, wie sich die Industrie ausbreitete, und wie sich Handel, Schiffahrt und Eisenbahn ausdehnten

den reagerede i forhold til, hvordan industrien voksede, og hvordan handel, skibsfart og jernbaner udvidede sig

in demselben Maße, in dem sich die Bourgeoisie entwickelte, vermehrte sie ihr Kapital

i samme forhold som bourgeoisiet udviklede sig, øgede de deres kapital

und das Bourgeoisie drängte jede aus dem Mittelalter überlieferte Klasse in den Hintergrund

og bourgeoisiet skubbede alle klasser, der var gået i arv fra middelalderen, i baggrunden

daher ist die moderne Bourgeoisie selbst das Produkt eines langen Entwicklungsganges

derfor er det moderne bourgeoisi selv et produkt af et langt udviklingsforløb

Wir sehen, dass es sich um eine Reihe von Revolutionen in der Produktions- und Tauschweise handelt

Vi ser, at det er en række omvæltninger i produktions- og udvekslingsmåderne

Jeder Schritt der Bourgeoisie Entwicklung ging mit einem entsprechenden politischen Fortschritt einher
Hvert udviklingsborgerskabs skridt blev ledsaget af et tilsvarende politisk fremskridt
Eine unterdrückte Klasse unter der Herrschaft des feudalen Adels
En undertrykt klasse under den feudale adels herredømme
ein bewaffneter und selbstverwalteter Verein in der mittelalterlichen Kommune
En væbnet og selvstyrende forening i middelalderkommunen
hier eine unabhängige Stadtrepublik (wie in Italien und Deutschland)
her en uafhængig byrepublik (som i Italien og Tyskland)
dort ein steuerpflichtiger "dritter Stand" der Monarchie (wie in Frankreich)
dér et skattepligtigt "tredje stand" af monarkiet (som i Frankrig)
Danach, in der Zeit der eigentlichen Herstellung
efterfølgende, i den egentlige fremstillingsperiode
die Bourgeoisie diente entweder der halbfeudalen oder der absoluten Monarchie
borgerskabet tjente enten det halvfeudale eller det absolutte monarki
oder die Bourgeoisie fungierte als Gegengewicht zum Adel
eller bourgeoisiet optrådte som en modvægt til adelen
und in der Tat war die Bourgeoisie ein Eckpfeiler der großen Monarchien überhaupt
og i virkeligheden var bourgeoisiet en hjørnesten i de store monarkier i almindelighed
aber die moderne Industrie und der Weltmarkt haben sich seitdem etabliert
men den moderne industri og verdensmarkedet har etableret sig siden da
und die Bourgeoisie hat sich die ausschließliche politische Herrschaft erobert

og bourgeoisiet har erobret sig eksklusivt politisk
herredømme
**sie erreichte diese politische Herrschaft durch den
modernen repräsentativen Staat**
den opnåede denne politiske magt gennem den moderne
repræsentative stat
**Die Exekutive des modernen Staates ist nichts anderes als
ein Verwaltungskomitee**
Den moderne stats udøvere er kun en forvaltningskomité
**und sie leiten die gemeinsamen Angelegenheiten der
gesamten Bourgeoisie**
og de styrer hele bourgeoisiets fælles anliggender
**Die Bourgeoisie hat historisch gesehen eine höchst
revolutionäre Rolle gespielt**
Bourgeoisiet har historisk set spillet en yderst revolutionær
rolle
**Wo immer sie die Oberhand gewann, machte sie allen
feudalen, patriarchalischen und idyllischen Verhältnissen
ein Ende**
Hvor den end fik overtaget, gjorde den en ende på alle
feudale, patriarkalske og idylliske forbindelser
**Sie hat erbarmungslos die bunten feudalen Bande zerrissen,
die den Menschen an seine "natürlichen Vorgesetzten"
banden**
Den har ubarmhjertigt revet de brogede feudale bånd i
stykker, der bandt mennesket til dets "naturlige overordnede"
**Und es ist kein Nexus zwischen Mensch und Mensch übrig
geblieben, außer nacktem Eigeninteresse**
og det har ikke efterladt nogen forbindelse mellem mand og
mand, andet end nøgen egeninteresse
**Die Beziehungen der Menschen zueinander sind zu nichts
anderem geworden als zu einer gefühllosen "Geldzahlung"**
menneskets forhold til hinanden er ikke blevet andet end
afstumpet "kontant betaling"
**Sie hat die himmlischsten Ekstasen religiöser Inbrunst
ertränkt**

Den har druknet den mest himmelske ekstase af religiøs glød

sie hat ritterlichen Enthusiasmus und philiströsen Sentimentalismus übertönt

den har druknet ridderlig entusiasme og spidsborgerlig sentimentalisme

Sie hat diese Dinge im eisigen Wasser des egoistischen Kalküls ertränkt

den har druknet disse ting i den egoistiske beregnings iskolde vand

Sie hat den persönlichen Wert in Tauschwert aufgelöst

Det har opløst personlig værdi til bytteværdi

Sie hat die zahllosen und unveräußerlichen verbrieften Freiheiten ersetzt

den har erstattet de utallige og uomgængelige chartrede frihedsrettigheder

und sie hat eine einzige, skrupellose Freiheit geschaffen; Freihandel

og den har skabt en enkelt, samvittighedsløs frihed; Frihandel

Mit einem Wort, sie hat dies für die Ausbeutung getan

Med ét ord har den gjort dette for udnyttelse

Ausbeutung, verschleiert durch religiöse und politische Illusionen

udnyttelse tilsløret af religiøse og politiske illusioner

Ausbeutung verschleiert durch nackte, schamlose, direkte, brutale Ausbeutung

udnyttelse tilsløret af nøgen, skamløs, direkte, brutal udnyttelse

die Bourgeoisie hat den Heiligenschein von jedem zuvor geehrten und verehrten Beruf abgestreift

bourgeoisiet har fjernet glorien fra enhver tidligere hædret og æret beskæftigelse

der Arzt, der Advokat, der Priester, der Dichter und der Mann der Wissenschaft

lægen, advokaten, præsten, digteren og videnskabsmanden

Sie hat diese ausgezeichneten Arbeiter in ihre bezahlten Lohnarbeiter verwandelt

den har forvandlet disse fremtrædende arbejdere til sine
lønnede lønarbejdere

**Die Bourgeoisie hat der Familie den sentimentalen Schleier
weggerissen**

Borgerskabet har revet det sentimentale slør væk fra familien

**Und sie hat das Familienverhältnis auf ein bloßes
Geldverhältnis reduziert**

og det har reduceret familieforholdet til blot et pengeforhold

**die brutale Zurschaustellung der Kraft im Mittelalter, die
die Reaktionäre so sehr bewundern**

den brutale opvisning af kraft i middelalderen, som
reaktionisterne beundrer så meget

**Auch diese fand ihre passende Ergänzung in der trägesten
Trägheit**

Selv dette fandt sit passende supplement i den mest dovne
dovenskab

Die Bourgeoisie hat enthüllt, wie es dazu gekommen ist

Bourgeoisiet har afsløret, hvordan alt dette skete

**Die Bourgeoisie war die erste, die gezeigt hat, was die
Tätigkeit des Menschen bewirken kann**

Bourgeoisiet har været det første til at vise, hvad menneskets
virksomhed kan frembringe

**Sie hat Wunder vollbracht, die ägyptische Pyramiden,
römische Aquädukte und gotische Kathedralen bei weitem
übertreffen**

Det har udrettet vidundere, der langt overgår egyptiske
pyramider, romerske akvædukter og gotiske katedraler

**und sie hat Expeditionen durchgeführt, die alle früheren
Auszüge von Nationen und Kreuzzügen in den Schatten
stellten**

og det har gennemført ekspeditioner, der har sat alle tidligere
Exoduser af nationer og korstog i skyggen

**Die Bourgeoisie kann nicht existieren, ohne die
Produktionsmittel ständig zu revolutionieren**

Bourgeoisiet kan ikke eksistere uden konstant at revolutionere
produktionsmidlerne

**und damit kann sie nicht ohne ihre Beziehungen zur
Produktion existieren**

og derfor kan den ikke eksistere uden sine relationer til
produktionen

**und deshalb kann sie nicht ohne ihre Beziehungen zur
Gesellschaft existieren**

og derfor kan den ikke eksistere uden sine relationer til
samfundet

**Alle früheren Industrieklassen hatten eine Bedingung
gemeinsam**

Alle tidligere industriklasser havde én betingelse til fælles

Sie setzten auf die Bewahrung der alten Produktionsweisen

de var afhængige af bevarelsen af de gamle produktionsmåder

**aber die Bourgeoisie brachte eine völlig neue Dynamik mit
sich**

men bourgeoisiet bragte en helt ny dynamik med sig

**Ständige Revolutionierung der Produktion und
ununterbrochene Störung aller gesellschaftlichen
Verhältnisse**

Konstant revolutionering af produktionen og uafbrudt
forstyrrelse af alle sociale forhold

**diese immerwährende Unsicherheit und Unruhe
unterscheidet die Epoche der Bourgeoisie von allen früheren**

denne evige usikkerhed og agitation adskiller borgerskabets
epoke fra alle tidligere

**Die bisherigen Beziehungen zur Produktion waren mit alten
und ehrwürdigen Vorurteilen und Meinungen verbunden**

tidligere forhold til produktionen kom med gamle og
ærværdige fordomme og meninger

**Aber all diese festgefahrenen, eingefrorenen Beziehungen
werden hinweggefegt**

Men alle disse faste, fastfrosne relationer fejes væk

**Alle neu gebildeten Verhältnisse werden antiquiert, bevor
sie erstarren können**

Alle nydannede relationer bliver forældede, før de kan stivne

Alles, was fest ist, zerschmilzt in Luft, und alles, was heilig ist, wird entweiht
Alt, hvad der er fast, smelter til luft, og alt, hvad der er helligt, vanhelliges
Der Mensch ist endlich gezwungen, mit nüchternen Sinnen seinen wirklichen Lebensbedingungen ins Auge zu sehen
mennesket er endelig tvunget til at se sine virkelige livsbetingelser i øjnene med nøgterne sanser
und er ist gezwungen, sich seinen Beziehungen zu seinesgleichen zu stellen
og han er tvunget til at se sine relationer i øjnene med sin slags
Die Bourgeoisie muss ständig ihre Märkte für ihre Produkte erweitern
Borgerskabet har konstant brug for at udvide sine markeder for sine produkter
und deshalb wird die Bourgeoisie über die ganze Erdoberfläche gejagt
og på grund af dette jages bourgeoisiet over hele klodens overflade
Die Bourgeoisie muss sich überall einnisten, sich überall niederlassen, überall Verbindungen herstellen
Bourgeoisiet må putte sig overalt, bosætte sig overalt, etablere forbindelser overalt
Die Bourgeoisie muss in jedem Winkel der Welt Märkte schaffen, um sie auszubeuten
Bourgeoisiet må skabe markeder i alle verdenshjørner for at udbytte
Die Produktion und der Konsum in jedem Land haben einen kosmopolitischen Charakter erhalten
Produktionen og forbruget i alle lande har fået en kosmopolitisk karakter
der Verdruss der Reaktionäre ist mit Händen zu greifen, aber er hat sich trotzdem fortgesetzt
reaktionisternes ærgrelse er til at tage og føle på, men den er fortsat uanset

Die Bourgeoisie hat der Industrie den nationalen Boden, auf dem sie stand, unter den Füßen weggezogen

Bourgeoisiet har under industriens fødder trukket det nationale grundlag, hvorpå det stod

Alle alteingesessenen nationalen Industrien sind zerstört worden oder werden täglich zerstört

alle gamle nationale industrier er blevet ødelagt eller bliver dagligt ødelagt

Alle alteingesessenen nationalen Industrien werden durch neue Industrien verdrängt

alle gamle etablerede nationale industrier fortrænges af nye industrier

Ihre Einführung wird zu einer Frage von Leben und Tod für alle zivilisierten Völker

deres indførelse bliver et spørgsmål om liv og død for alle civiliserede nationer

Sie werden von Industrien verdrängt, die keine heimischen Rohstoffe mehr verarbeiten

de fjernes af industrier, der ikke længere oparbejder indenlandske råmaterialer

Stattdessen beziehen diese Industrien Rohstoffe aus den entlegensten Zonen

i stedet trækker disse industrier råmaterialer fra de fjerneste zoner

Industrien, deren Produkte nicht nur zu Hause, sondern in allen Teilen der Welt konsumiert werden

Industrier, hvis produkter forbruges ikke kun i hjemmet, men i alle dele af kloden

An die Stelle der alten Bedürfnisse, die durch die Erzeugnisse des Landes befriedigt werden, treten neue Bedürfnisse

I stedet for de gamle behov, der tilfredsstilles af landets produktioner, finder vi nye behov

Diese neuen Bedürfnisse bedürfen zu ihrer Befriedigung der Produkte aus fernen Ländern und Klimazonen

Disse nye behov kræver for at tilfredsstille produkter fra fjerne
lande og himmelstrøg

**An die Stelle der alten lokalen und nationalen
Abgeschiedenheit und Selbstversorgung tritt der Handel**
I stedet for den gamle lokale og nationale afsondrethed og
selvforsyning har vi handel

**internationaler Austausch in alle Richtungen; universelle
Interdependenz der Nationen**
international udveksling i alle retninger; Universel indbyrdes
afhængighed mellem nationer

**Und so wie wir von Materialien abhängig sind, so sind wir
von der intellektuellen Produktion abhängig**
og ligesom vi er afhængige af materialer, er vi afhængige af
intellektuel produktion

**Die geistigen Schöpfungen der einzelnen Nationen werden
zum Gemeingut**
De enkelte nationers intellektuelle frembringelser bliver fælles
ejendom

**Nationale Einseitigkeit und Engstirnigkeit werden immer
unmöglicher**
National ensidighed og snæversynethed bliver mere og mere
umulig

**Und aus den zahlreichen nationalen und lokalen Literaturen
entsteht eine Weltliteratur**
og fra de talrige nationale og lokale litteraturer opstår der en
verdenslitteratur

durch die rasche Verbesserung aller Produktionsmittel
ved hurtig forbedring af alle produktionsinstrumenter

durch die immens erleichterten Kommunikationsmittel
ved hjælp af de uhyre lette kommunikationsmidler

**Die Bourgeoisie zieht alle (auch die barbarischsten
Nationen) in die Zivilisation hinein**
Bourgeoisiet trækker alle (selv de mest barbariske nationer)
ind i civilisationen

**Die billigen Preise seiner Waren; die schwere Artillerie, die
alle chinesischen Mauern niederreißt**

De billige priser på dets varer; det tunge artilleri, der slår alle kinesiske mure ned

Der hartnäckige Fremdenhass der Barbaren wird zur Kapitulation gezwungen

Barbarernes intenst stædige had til udlændinge tvinges til at kapitulere

Sie zwingt alle Nationen, unter Androhung des Aussterbens, die Bourgeoisie Produktionsweise anzunehmen

Den tvinger alle nationer til under trussel om udryddelse at overtage bourgeoisiets produktionsmåde

Sie zwingt sie, das, was sie Zivilisation nennt, in ihre Mitte einzuführen

den tvinger dem til at indføre det, den kalder civilisation i deres midte

Die Bourgeoisie zwingt die Barbaren, selbst zur Bourgeoisie zu werden

Borgerskabet tvinger barbarerne til selv at blive borgerskab

mit einem Wort, die Bourgeoisie schafft sich eine Welt nach ihrem Bilde

kort sagt, borgerskabet skaber en verden efter sit eget billede

Die Bourgeoisie hat das Land der Herrschaft der Städte unterworfen

Bourgeoisiet har underkastet landdistrikterne byernes herredømme

Sie hat riesige Städte geschaffen und die Stadtbevölkerung stark vergrößert

Det har skabt enorme byer og øget bybefolkningen betydeligt

Sie rettete einen beträchtlichen Teil der Bevölkerung vor der Idiotie des Landlebens

den reddede en betydelig del af befolkningen fra landlivets idioti

Aber sie hat die Menschen auf dem Lande von den Städten abhängig gemacht

men det har gjort dem på landet afhængige af byerne

Und ebenso hat sie die barbarischen Länder von den zivilisierten abhängig gemacht

og ligeledes har det gjort de barbariske lande afhængige af de civiliserede lande

Bauernnationen gegen Völker der Bourgeoisie, Osten gegen Westen

nationer af bønder på nationer af borgerskab, øst mod vest

Die Bourgeoisie beseitigt den zerstreuten Zustand der Bevölkerung mehr und mehr

Bourgeoisiet afskaffer mere og mere befolkningens spredte tilstand

Sie hat die Produktion agglomeriert und das Eigentum in wenigen Händen konzentriert

Det har agglomereret produktion og har koncentreret ejendom på få hænder

Die notwendige Konsequenz daraus war eine politische Zentralisierung

Den nødvendige konsekvens af dette var politisk centralisering

Es gab unabhängige Nationen und lose miteinander verbundene Provinzen

der havde været uafhængige nationer og løst forbundne provinser

Sie hatten getrennte Interessen, Gesetze, Regierungen und Steuersysteme

de havde særskilte interesser, love, regeringer og skattesystemer

Aber sie sind zu einer Nation zusammengeschmolzen, mit einer Regierung

men de er blevet klumpet sammen til én nation, med én regering

Sie haben jetzt ein nationales Klasseninteresse, eine Grenze und einen Zolltarif

de har nu en national klasseinteresse, en grænse og en toldtarif

Und dieses nationale Klasseninteresse ist unter einem Gesetzbuch vereinigt

og denne nationale klasseinteresse er forenet under én
lovsamling

**die Bourgeoisie hat während ihrer knapp hundertjährigen
Herrschaft viel erreicht**

bourgeoisiet har opnået meget i løbet af sit knap hundrede års
herredømme

**massivere und kolossalere Produktivkräfte als alle
vorhergehenden Generationen zusammen**

mere massive og kolossale produktivkræfter end alle tidligere
generationer tilsammen

**Die Kräfte der Natur sind dem Willen des Menschen und
seiner Maschinerie unterworfen**

Naturens kræfter er underlagt menneskets vilje og dets
maskineri

**Die Chemie wird auf alle Industrieformen und
Landwirtschaftsformen angewendet**

Kemi anvendes til alle former for industri og typer af landbrug

**Dampfschiffahrt, Eisenbahnen, elektrische Telegraphen und
die Druckerpresse**

dampfart, jernbaner, elektriske telegrafer og trykpressen

**Rodung ganzer Kontinente für den Anbau, Kanalisierung
von Flüssen**

rydning af hele kontinenter til dyrkning, kanalisering af floder

**ganze Populationen wurden aus dem Boden gezaubert und
an die Arbeit gebracht**

hele befolkninger er blevet tryllet op af jorden og sat i arbejde

**Welches frühere Jahrhundert hatte auch nur eine Ahnung
von dem, was entfesselt werden könnte?**

hvilket tidligere århundrede havde overhovedet en foranelse
om, hvad der kunne slippes løs?

**Wer hat vorausgesagt, dass solche Produktivkräfte im Schoß
der gesellschaftlichen Arbeit schlummern?**

Hvem forudså, at sådanne produktivkræfter slumrede i
skødet på det sociale arbejde?

**Wir sehen also, daß die Produktions- und Tauschmittel in
der feudalen Gesellschaft erzeugt wurden**

Vi ser da, at produktions- og udvekslingsmidlerne blev skabt i det feudale samfund

die Produktionsmittel, auf deren Grundlage sich die Bourgeoisie aufbaute

de produktionsmidler, på hvis grundlag bourgeoisiet byggede sig selv

Auf einer bestimmten Stufe der Entwicklung dieser Produktions- und Tauschmittel

På et vist stadium i udviklingen af disse produktions- og udvekslingsmidler

die Bedingungen, unter denen die feudale Gesellschaft produzierte und tauschte

betingelserne for det feudale samfunds produktion og udveksling af

Die feudale Organisation der Landwirtschaft und des verarbeitenden Gewerbes

Den feudale organisation af landbrug og fremstillingsindustri

Die feudalen Eigentumsverhältnisse waren mit den materiellen Verhältnissen nicht mehr vereinbar

de feudale ejendomsforhold ikke længere var forenelige med de materielle betingelser

Sie mussten gesprengt werden, also wurden sie auseinandergesprengt

De måtte sprænges i stykker, så de blev sprængt i stykker

An ihre Stelle trat die freie Konkurrenz der Produktivkräfte

I deres sted trådte fri konkurrence fra produktivkræfterne

Und sie wurden von einer ihr angepassten sozialen und politischen Verfassung begleitet

og de blev ledsaget af en social og politisk forfatning, der var tilpasset den

und sie wurde begleitet von der ökonomischen und politischen Herrschaft der Bourgeoisie Klasse

og den blev ledsaget af borgerskabets økonomiske og politiske herredømme

Eine ähnliche Bewegung vollzieht sich vor unseren eigenen Augen

En lignende bevægelse foregår for øjnene af os selv
Die moderne Bourgeoisie Gesellschaft mit ihren Produktions-, Tausch- und Eigentumsverhältnissen
Det moderne borgerlige samfund med dets produktions-, bytte- og ejendomsforhold
eine Gesellschaft, die so gigantische Produktions- und Tauschmittel heraufbeschworen hat
et samfund, der har fremtryllet så gigantiske produktions- og udvekslingsmidler
Es ist wie der Zauberer, der die Mächte der Unterwelt heraufbeschworen hat
Det er som troldmanden, der kaldte kræfterne i underverdenen frem
Aber er ist nicht mehr in der Lage, zu kontrollieren, was er in die Welt gebracht hat
men han er ikke længere i stand til at kontrollere, hvad han har bragt ind i verden
Viele Jahrzehnte lang war die vergangene Geschichte durch einen roten Faden miteinander verbunden
I mange årtier var historien bundet sammen af en rød tråd
Die Geschichte der Industrie und des Handels ist nichts anderes als die Geschichte der Revolten
Industriens og handelens historie har kun været oprørets historie
die Revolten der modernen Produktivkräfte gegen die modernen Produktionsbedingungen
de moderne produktivkræfters oprør mod de moderne produktionsbetingelser
die Revolten der modernen Produktivkräfte gegen die Eigentumsverhältnisse
de moderne produktivkræfters oprør mod ejendomsforholdene
diese Eigentumsverhältnisse sind die Bedingungen für die Existenz der Bourgeoisie
disse ejendomsforhold er betingelserne for bourgeoisiets eksistens

und die Existenz der Bourgeoisie bestimmt die Regeln der Eigentumsverhältnisse
og bourgeoisiets eksistens bestemmer reglerne for ejendomsforholdene
Es genügt, die periodische Wiederkehr von Handelskrisen zu erwähnen
Det er nok at nævne den periodiske tilbagevenden af kommercielle kriser
jede Handelskrise ist für die Bourgeoisie Gesellschaft bedrohlicher als die letzte
hver handelskrise er mere truende for borgerskabets samfund end den forrige.
In diesen Krisen wird ein großer Teil der bestehenden Produkte vernichtet
I disse kriser ødelægges en stor del af de eksisterende produkter
Diese Krisen zerstören aber auch die zuvor geschaffenen Produktivkräfte
Men disse kriser ødelægger også de tidligere skabte produktivkræfter
In allen früheren Epochen wären diese Epidemien als Absurdität erschienen
I alle tidligere epoker ville disse epidemier have virket som en absurditet
denn diese Epidemien sind die kommerziellen Krisen der Überproduktion
fordi disse epidemier er de kommercielle kriser med overproduktion
Die Gesellschaft befindet sich plötzlich wieder in einem Zustand der momentanen Barbarei
Samfundet befinder sig pludselig i en tilstand af kortvarigt barbari
als ob ein allgemeiner Verwüstungskrieg jede Möglichkeit des Lebensunterhalts abgeschnitten hätte
som om en universel ødelæggelseskrig havde afskåret ethvert livsfornødent subsistensmiddel

Industrie und Handel scheinen zerstört worden zu sein; Und warum?
industri og handel synes at være blevet ødelagt; Og hvorfor?
Weil es zu viel Zivilisation und Subsistenzmittel gibt
Fordi der er for meget civilisation og midler til underhold
Und weil es zu viel Industrie und zu viel Handel gibt
og fordi der er for meget industri og for meget handel
Die Produktivkräfte, die der Gesellschaft zur Verfügung stehen, entwickeln nicht mehr das Bourgeoisie Eigentum
De produktivkræfter, der står til samfundets rådighed, udvikler ikke længere borgerskabets ejendom
im Gegenteil, sie sind zu mächtig geworden für diese Verhältnisse, durch die sie gefesselt sind
tværtimod er de blevet for stærke til disse forhold, som de er lænket af
sobald sie diese Fesseln überwunden haben, bringen sie Unordnung in die ganze Bourgeoisie Gesellschaft
så snart de overvinder disse lænker, bringer de uorden ind i hele det borgerlige samfund
und die Produktivkräfte gefährden die Existenz des Bourgeoisie Eigentums
og produktivkræfterne bringer borgerskabets ejendomsret i fare
Die Bedingungen der Bourgeoisie Gesellschaft sind zu eng, um den von ihnen geschaffenen Reichtum zu erfassen
Betingelserne i det borgerlige samfund er for snævre til at omfatte den rigdom, de har skabt
Und wie überwindet die Bourgeoisie diese Krisen?
Og hvordan kommer borgerskabet over disse kriser?
Einerseits überwindet sie diese Krisen durch die erzwungene Vernichtung einer Masse von Produktivkräften
På den ene side overvinder den disse kriser ved den tvungne ødelæggelse af en masse produktivkræfter
Andererseits überwindet sie diese Krisen durch die Eroberung neuer Märkte

På den anden side overvinder den disse kriser ved at erobre
nye markeder

**Und sie überwindet diese Krisen durch die gründlichere
Ausbeutung der alten Produktivkräfte**

og den overvinder disse kriser ved en mere grundig
udnyttelse af de gamle produktivkræfter

**Das heißt, indem sie den Weg für umfangreichere und
zerstörerischere Krisen ebnen**

Det vil sige ved at bane vejen for mere omfattende og mere
destruktive kriser

**Sie überwindet die Krise, indem sie die Mittel zur
Krisenprävention einschränkt**

Den overvinder krisen ved at mindske midlerne til at
forebygge kriser

**Die Waffen, mit denen die Bourgeoisie den Feudalismus zu
Fall brachte, sind jetzt gegen sich selbst gerichtet**

De våben, hvormed bourgeoisiet fældede feudalismen til
jorden, er nu vendt mod sig selv

**Aber die Bourgeoisie hat nicht nur die Waffen geschmiedet,
die sich selbst den Tod bringen**

Men ikke alene har borgerskabet smedet de våben, der bringer
død til det selv

**Sie hat auch die Männer ins Leben gerufen, die diese
Waffen führen sollen**

den har også fremkaldt de mænd, der skal bruge disse våben

**Und diese Männer sind die moderne Arbeiterklasse; Sie
sind die Proletarier**

og disse mænd er den moderne arbejderklasse; de er
proletarerne

**In dem Maße, wie die Bourgeoisie entwickelt ist, entwickelt
sich auch das Proletariat**

I samme forhold som bourgeoisiet udvikles, udvikles
proletariatet i samme forhold

**Die moderne Arbeiterklasse entwickelte eine Klasse von
Arbeitern**

Den moderne arbejderklasse udviklede en klasse af arbejdere

Diese Klasse von Arbeitern lebt nur so lange, wie sie Arbeit findet

Denne klasse af arbejdere lever kun, så længe de finder arbejde

Und sie finden nur so lange Arbeit, wie ihre Arbeit das Kapital vermehrt

og de finder kun arbejde, så længe deres arbejde øger kapitalen

Diese Arbeiter, die sich stückweise verkaufen müssen, sind eine Ware

Disse arbejdere, som må sælge sig selv stykkevis, er en vare

Diese Arbeiter sind wie jeder andere Handelsartikel

Disse arbejdere er som enhver anden handelsvare

und sie sind folglich allen Wechselfällen des Wettbewerbs ausgesetzt

og de er derfor udsat for alle konkurrencens omskiftelser

Sie müssen alle Schwankungen des Marktes überstehen

de er nødt til at klare alle udsving på markedet

Aufgrund des umfangreichen Maschineneinsatzes und der Arbeitsteilung

På grund af den omfattende brug af maskiner og arbejdsdeling

Die Arbeit der Proletarier hat jeden individuellen Charakter verloren

Proletarernes arbejde har mistet al individuel karakter

Und folglich hat die Arbeit der Proletarier für den Arbeiter jeden Reiz verloren

og som følge heraf har proletarernes arbejde mistet al charme for arbejderen

Er wird zu einem Anhängsel der Maschine und nicht mehr zu dem Mann, der er einmal war

Han bliver et vedhæng til maskinen, snarere end den mand, han engang var

Nur das einfachste, eintönigste und am leichtesten zu erwerbende Geschick wird von ihm verlangt

kun den mest enkle, ensformige og lettest erhvervede evne
kræves af ham

Daher sind die Produktionskosten eines Arbeiters begrenzt
Derfor er produktionsomkostningerne for en arbejder
begrænset

sie beschränkt sich fast ausschließlich auf die Mittel zur
Bestreitung des Lebensunterhalts, die er zu seinem
Unterhalt benötigt
den er næsten udelukkende begrænset til de subsistensmidler,
som han har brug for til sit underhold

und sie beschränkt sich auf die Subsistenzmittel, die er zur
Fortpflanzung seiner Rasse benötigt
og det er begrænset til de livsfornødenheder, som han har
brug for til at udbrede sin race

Aber der Preis einer Ware, also auch der Arbeit, ist gleich
ihren Produktionskosten
Men prisen på en vare og dermed også på arbejde er lig med
dens produktionsomkostninger

In dem Maße also, wie die Widerwärtigkeit der Arbeit
zunimmt, sinkt der Lohn
I takt med at arbejdets frastødende karakter øges, falder
lønnen derfor

Ja, die Widerwärtigkeit seiner Arbeit nimmt sogar noch
mehr zu
Nej, frastødeligheden i hans arbejde øges endnu hurtigere

In dem Maße, wie der Einsatz von Maschinen und die
Arbeitsteilung zunehmen, steigt auch die Last der Arbeit
Efterhånden som brugen af maskiner og arbejdsdelingen øges,
øges også arbejdsbyrden

Die Arbeitsbelastung wird durch die Verlängerung der
Arbeitszeit erhöht
Arbejdsbyrden øges ved forlængelse af arbejdstiden

Dem Arbeiter wird in der gleichen Zeit mehr zugemutet als
zuvor
Der forventes mere af arbejderen på samme tid som tidligere

Und natürlich wird die Last der Arbeit durch die Geschwindigkeit der Maschinerie erhöht

og selvfølgelig øges byrden af sliddet af maskineriets hastighed

Die moderne Industrie hat die kleine Werkstatt des patriarchalischen Meisters in die große Fabrik des industriellen Kapitalisten verwandelt

Den moderne industri har forvandlet den patriarkalske mesters lille værksted til industrikapitalistens store fabrik

Massen von Arbeitern, die in die Fabrik gedrängt sind, sind wie Soldaten organisiert

Masser af arbejdere, der er stuvet sammen på fabrikken, er organiseret som soldater

Als Gefreite der Industriearmee stehen sie unter dem Kommando einer vollkommenen Hierarchie von Offizieren und Unteroffizieren

Som menige i industrihæren er de sat under kommando af et perfekt hierarki af officerer og sergenter

sie sind nicht nur die Sklaven der Bourgeoisie und des Staates

de er ikke kun slaver af borgerskabet, klassen og staten

Aber sie werden auch täglich und stündlich von der Maschine versklavt

men de er også dagligt og timeligt slaver af maskinen

sie sind Sklaven des Aufsehers und vor allem des einzelnen Bourgeoisie Fabrikanten selbst

de er slaver af overskueren og frem for alt af den enkelte borgerskabsfabrikant selv

Je offener dieser Despotismus den Gewinn als seinen Zweck und sein Ziel proklamiert, desto kleinlicher, verhaßter und verbitterender ist er

Jo mere åbent dette despoti proklamerer gevinst som dets mål og mål, jo mere småligt, jo mere hadefuldt og jo mere bittert er det

Je mehr sich die moderne Industrie entwickelt, desto geringer sind die Unterschiede zwischen den Geschlechtern

Jo mere moderne industrien udvikler sig, desto mindre er
forskellene mellem kønnene

**Je geringer die Geschicklichkeit und Kraftanstrengung der
Handarbeit ist, desto mehr wird die Arbeit der Männer von
der der Frauen verdrängt**

Jo mindre dygtighed og anstrengelse af kræfter der ligger i
manuelt arbejde, jo mere bliver mændenes arbejde erstattet af
kvindernes

**Alters- und Geschlechtsunterschiede haben für die
Arbeiterklasse keine besondere gesellschaftliche Gültigkeit
mehr**

Forskelle i alder og køn har ikke længere nogen særlig social
gyldighed for arbejderklassen

**Alle sind Arbeitsinstrumente, die je nach Alter und
Geschlecht mehr oder weniger teuer zu gebrauchen sind**

Alle er arbejdsredskaber, der er mere eller mindre dyre at
bruge, alt efter deres alder og køn

**sobald der Arbeiter seinen Lohn in bar erhält, wird er von
den übrigen Teilen der Bourgeoisie angegriffen**

så snart arbejderen får sin løn i kontanter, bliver han sat på af
de andre dele af bourgeoisiet

der Vermieter, der Ladenbesitzer, der Pfandleiher usw

udlejeren, butiksejeren, pantelåneren osv

**Die unteren Schichten der Mittelschicht; die kleinen
Handwerker und Ladenbesitzer**

De lavere lag af middelklassen; de små håndværkere og
butiksejere

**die pensionierten Gewerbetreibenden überhaupt, die
Handwerker und Bauern**

de pensionerede handelsmænd i almindelighed, og
håndværkerne og bønderne

all dies sinkt allmählich in das Proletariat ein

alt dette synker lidt efter lidt ind i proletariatet

**theils deshalb, weil ihr winziges Kapital nicht ausreicht für
den Maßstab, in dem die moderne Industrie betrieben wird**

Til dels fordi deres lille kapital ikke er tilstrækkelig til den størrelse, hvorpå den moderne industri drives

und weil sie in der Konkurrenz mit den Großkapitalisten überschwemmt wird

og fordi den er oversvømmet i konkurrencen med de store kapitalister

zum Teil deshalb, weil ihr spezialisiertes Können durch die neuen Produktionsmethoden wertlos wird

Dels fordi deres specialiserede færdigheder bliver værdiløse af de nye produktionsmetoder

So rekrutiert sich das Proletariat aus allen Klassen der Bevölkerung

Således rekrutteres proletariatet fra alle befolkningsklasser

Das Proletariat durchläuft verschiedene Entwicklungsstufen

Proletariatet gennemgår forskellige udviklingsstadier

Mit ihrer Geburt beginnt der Kampf mit der Bourgeoisie

Med dens fødsel begynder dens kamp mod bourgeoisiet

Zuerst wird der Kampf von einzelnen Arbeitern geführt

I begyndelsen føres konkurrencen af individuelle arbejdere

Dann wird der Kampf von den Arbeitern einer Fabrik ausgetragen

Derefter føres konkurrencen af arbejderne på en fabrik

Dann wird der Kampf von den Arbeitern eines Gewerbes an einem Ort ausgetragen

så føres konkurrencen af arbejdere fra et på et sted

und der Kampf richtet sich dann gegen die einzelne Bourgeoisie, die sie direkt ausbeutet

og kampen er så mod det enkelte borgerskab, der direkte udbytter dem

Sie richten ihre Angriffe nicht gegen die Bourgeoisie Produktionsbedingungen

De retter ikke deres angreb mod bourgeoisiets produktionsbetingelser

aber sie richten ihren Angriff gegen die Produktionsmittel selbst

men de retter deres angreb mod selve produktionsmidlerne

Sie vernichten importierte Waren, die mit ihrer Arbeitskraft konkurrieren

de destruerer importerede varer, der konkurrerer med deres arbejdskraft

Sie zertrümmern Maschinen und setzen Fabriken in Brand

De smadrer maskiner, og de sætter fabrikker i brand

sie versuchen, den verschwundenen Status des Arbeiters des Mittelalters mit Gewalt wiederherzustellen

de søger med magt at genoprette den forsvundne status som middelalderens arbejdere

In diesem Stadium bilden die Arbeiter noch eine unzusammenhängende Masse, die über das ganze Land verstreut ist

På dette stadium udgør arbejderne endnu en usammenhængende masse, der er spredt ud over hele landet

und sie werden durch ihre gegenseitige Konkurrenz zerrissen

og de er brudt op af deres gensidige konkurrence

Wenn sie sich irgendwo zu kompakteren Körpern vereinigen, so ist dies noch nicht die Folge ihrer eigenen aktiven Vereinigung

Hvis de noget sted forener sig for at danne mere kompakte kroppe, er det endnu ikke konsekvensen af deres egen aktive forening

aber es ist eine Folge der Vereinigung der Bourgeoisie, ihre eigenen politischen Ziele zu erreichen

men det er en konsekvens af bourgeoisiets forening for at nå sine egne politiske mål

die Bourgeoisie ist gezwungen, das ganze Proletariat in Bewegung zu setzen

bourgeoisiet er tvunget til at sætte hele proletariatet i bevægelse

und überdies ist die Bourgeoisie eine Zeitlang dazu in der Lage

og desuden er bourgeoisiet for en tid i stand til at gøre det

In diesem Stadium kämpfen die Proletarier also nicht gegen ihre Feinde
På dette stadium bekæmper proletarerne derfor ikke deres fjender
Stattdessen kämpfen sie gegen die Feinde ihrer Feinde
men i stedet kæmper de mod deres fjenders fjender
Der Kampf gegen die Überreste der absoluten Monarchie und die Großgrundbesitzer
kampen mod resterne af enevælden og godsejerne
sie bekämpfen die nicht-industrielle Bourgeoisie; das Kleiliche Bourgeoisie
de bekæmper det ikke-industrielle borgerskab; småborgerskabet
So ist die ganze historische Bewegung in den Händen der Bourgeoisie konzentriert
Således er hele den historiske bevægelse koncentreret i bourgeoisiets hænder
jeder so errungene Sieg ist ein Sieg der Bourgeoisie
enhver sejr, der opnås på denne måde, er en sejr for bourgeoisiet
Aber mit der Entwicklung der Industrie wächst nicht nur die Zahl des Proletariats
Men med industriens udvikling vokser proletariatet ikke blot i antal
das Proletariat konzentriert sich in größeren Massen und seine Kraft wächst
proletariatet bliver koncentreret i større masser, og dets styrke vokser
und das Proletariat spürt diese Kraft mehr und mehr
og proletariatet føler denne styrke mere og mere
Die verschiedenen Interessen und Lebensbedingungen in den Reihen des Proletariats gleichen sich mehr und mehr an
De forskellige interesser og livsbetingelser inden for proletariatets rækker bliver mere og mere ligestillet
sie werden in dem Maße größer, wie die Maschinerie alle Unterschiede der Arbeit verwischt

de bliver mere proportionelle, efterhånden som maskineriet udsletter alle forskelle i arbejdet

Und die Maschinen senken fast überall die Löhne auf das gleiche niedrige Niveau

og maskiner næsten overalt sænker lønningerne til det samme lave niveau

Die wachsende Konkurrenz der Bourgeoisie und die daraus resultierenden Handelskrisen lassen die Löhne der Arbeiter immer schwankender

Den voksende konkurrence mellem bourgeoisiet og de deraf følgende handelskriser gør arbejdernes lønninger stadig mere svingende

Die unaufhörliche Verbesserung der sich immer schneller entwickelnden Maschinen macht ihren Lebensunterhalt immer prekärer

Den uophørlige forbedring af maskinerne, der udvikler sig stadig hurtigere, gør deres levebrød mere og mere usikkert

die Kollisionen zwischen einzelnen Arbeitern und einzelnen Bourgeoisien nehmen immer mehr den Charakter von Zusammenstößen zwischen zwei Klassen an

sammenstødene mellem de enkelte arbejdere og det individuelle bourgeoisi får mere og mere karakter af sammenstød mellem to klasser

Darauf beginnen die Arbeiter, sich gegen die Bourgeoisie zu verbünden (Gewerkschaften)

Derpå begynder arbejderne at danne kombinationer (fagforeninger) mod bourgeoisiet

Sie schließen sich zusammen, um die Löhne hoch zu halten

de slår sig sammen for at holde lønningerne oppe

sie gründeten ständige Vereinigungen, um für diese gelegentlichen Revolten im voraus Vorsorge zu treffen

de dannede permanente sammenslutninger for på forhånd at sørge for disse lejlighedsvise opstande

Hier und da bricht der Wettkampf in Ausschreitungen aus

Her og der bryder kampen ud i optøjer

Hin und wieder siegen die Arbeiter, aber nur für eine gewisse Zeit

Af og til sejrer arbejderne, men kun for en tid

Die wirkliche Frucht ihrer Kämpfe liegt nicht in den unmittelbaren Ergebnissen, sondern in der immer größer werdenden Vereinigung der Arbeiter

Den virkelige frugt af deres kampe ligger ikke i det umiddelbare resultat, men i den stadigt voksende forening af arbejderne

Diese Vereinigung wird durch die verbesserten Kommunikationsmittel unterstützt, die von der modernen Industrie geschaffen werden

Denne fagforening hjælpes videre af de forbedrede kommunikationsmidler, der skabes af den moderne industri

Die moderne Kommunikation bringt die Arbeiter verschiedener Orte miteinander in Kontakt

moderne kommunikation sætter arbejdere fra forskellige lokaliteter i kontakt med hinanden

Es war gerade dieser Kontakt, der nötig war, um die zahlreichen lokalen Kämpfe zu einem nationalen Kampf zwischen den Klassen zu zentralisieren

Det var netop denne kontakt, der var nødvendig for at centralisere de mange lokale kampe til en national kamp mellem klasserne

Alle diese Kämpfe haben den gleichen Charakter, und jeder Klassenkampf ist ein politischer Kampf

Alle disse kampe er af samme karakter, og enhver klassekamp er en politisk kamp

die Bürger des Mittelalters mit ihren elenden Landstraßen brauchten Jahrhunderte, um ihre Vereinigungen zu bilden

Middelalderens borgere med deres elendige veje krævede århundreder for at danne deres foreninger

Die modernen Proletarier erreichen dank der Eisenbahn ihre Gewerkschaften innerhalb weniger Jahre

De moderne proletarer opnår takket være jernbanerne deres foreninger i løbet af få år

Diese Organisation der Proletarier zu einer Klasse formte sie folglich zu einer politischen Partei

Denne organisering af proletarerne i en klasse dannede dem derfor til et politisk parti

Die politische Klasse wird immer wieder durch die Konkurrenz zwischen den Arbeitern selbst verärgert

Den politiske klasse bliver igen og igen oprørt af konkurrencen mellem arbejderne selv

Aber die politische Klasse erhebt sich weiter, stärker, fester, mächtiger

Men den politiske klasse fortsætter med at rejse sig igen, stærkere, fastere, mægtigere

Er zwingt zur gesetzgeberischen Anerkennung der besonderen Interessen der Arbeitnehmer

Den tvinger til lovgivningsmæssig anerkendelse af arbejdstagernes særlige interesser

sie tut dies, indem sie sich die Spaltungen innerhalb der Bourgeoisie selbst zunutze macht

det gør det ved at drage fordel af splittelsen inden for bourgeoisiet selv

Damit wurde das Zehnstundengesetz in England in Kraft gesetzt

Således blev ti-timers-loven i England sat i kraft

in vielerlei Hinsicht ist der Zusammenstoß zwischen den Klassen der alten Gesellschaft ferner der Entwicklungsgang des Proletariats

på mange måder er sammenstødene mellem klasserne i det gamle samfund yderligere proletariatets udviklingsforløb

Die Bourgeoisie befindet sich in einem ständigen Kampf

Bourgeoisiet befinder sig i en konstant kamp

Zuerst wird sie sich in einem ständigen Kampf mit der Aristokratie wiederfinden

I begyndelsen vil den finde sig selv involveret i en konstant kamp med aristokratiet

später wird sie sich in einem ständigen Kampf mit diesen Teilen der Bourgeoisie selbst wiederfinden

senere vil det finde sig selv involveret i en konstant kamp med disse dele af bourgeoisiet selv

und ihre Interessen werden dem Fortschritt der Industrie entgegengesetzt sein

og deres interesser vil være blevet fjendtlige over for industriens fremskridt

zu allen Zeiten werden ihre Interessen mit der Bourgeoisie fremder Länder in Konflikt geraten sein

til alle tider vil deres interesser være blevet fjendtlige med borgerskabet i fremmede lande

In allen diesen Kämpfen sieht sie sich genötigt, an das Proletariat zu appellieren, und bittet es um Hilfe

I alle disse kampe ser det sig nødsaget til at appellere til proletariatet og beder om dets hjælp

Und so wird sie sich gezwungen sehen, sie in die politische Arena zu zerren

og derfor vil den føle sig tvunget til at trække den ind på den politiske arena

Die Bourgeoisie selbst versorgt also das Proletariat mit ihren eigenen Instrumenten der politischen und allgemeinen Erziehung

Bourgeoisiet selv forsyner derfor proletariatet med sine egne instrumenter til politisk og almindelig opdragelse

mit anderen Worten, sie liefert dem Proletariat Waffen für den Kampf gegen die Bourgeoisie

med andre ord, den forsyner proletariatet med våben til at bekæmpe bourgeoisiet

Ferner werden, wie wir schon gesehen haben, ganze Schichten der herrschenden Klassen in das Proletariat hineingestürzt

Som vi allerede har set, er desuden hele dele af de herskende klasser styrtet ind i proletariatet

der Fortschritt der Industrie saugt sie in das Proletariat hinein

industriens fremskridt suger dem ind i proletariatet

oder zumindest sind sie in ihren Existenzbedingungen bedroht

eller i det mindste er de truet i deres eksistensbetingelser

Diese versorgen auch das Proletariat mit frischen Elementen der Aufklärung und des Fortschritts

Disse forsyner også proletariatet med nye elementer af oplysning og fremskridt

Endlich, in Zeiten, in denen sich der Klassenkampf der entscheidenden Stunde nähert

Endelig, i tider, hvor klassekampen nærmer sig den afgørende time

Der Auflösungsprozess innerhalb der herrschenden Klasse

den opløsningsproces, der foregår inden for den herskende klasse

In der Tat wird die Auflösung, die sich innerhalb der herrschenden Klasse vollzieht, in der gesamten Bandbreite der Gesellschaft zu spüren sein

Faktisk vil den opløsning, der finder sted inden for den herskende klasse, kunne mærkes inden for hele samfundet

Sie wird einen so gewalttätigen, krassen Charakter annehmen, dass ein kleiner Teil der herrschenden Klasse sich selbst abtreibt

den vil antage en så voldelig, iøjnefaldende karakter, at en lille del af den herskende klasse skærer sig selv på afveje

Und diese herrschende Klasse wird sich der revolutionären Klasse anschließen

og den herskende klasse vil slutte sig til den revolutionære klasse

Die revolutionäre Klasse ist die Klasse, die die Zukunft in ihren Händen hält

den revolutionære klasse er den klasse, der holder fremtiden i sine hænder

Wie in früheren Zeiten ging ein Teil des Adels zur Bourgeoisie über

Ligesom i en tidligere periode gik en del af adelen over til bourgeoisiet

ebenso wird ein Teil der Bourgeoisie zum Proletariat
übergehen

på samme måde vil en del af bourgeoisiet gå over til
proletariatet

insbesondere wird ein Teil der Bourgeoisie zu einem Teil
der Bourgeoisie Ideologen übergehen

især vil en del af bourgeoisiet gå over til en del af
bourgeoisiets ideologer

Bourgeoisie Ideologen, die sich auf die Ebene erhoben
haben, die historische Bewegung als Ganzes theoretisch zu
begreifen

Borgerskabsideologer, der har hævet sig selv til det niveau, at
de teoretisk forstår den historiske bevægelse som helhed

Von allen Klassen, die heute der Bourgeoisie
gegenüberstehen, ist das Proletariat allein eine wirklich
revolutionäre Klasse

Af alle de klasser, der står ansigt til ansigt med bourgeoisiet i
dag, er proletariatet alene en virkelig revolutionær klasse

Die anderen Klassen zerfallen und verschwinden
schließlich im Angesicht der modernen Industrie

De andre klasser forfalder og forsvinder til sidst i lyset af den
moderne industri

das Proletariat ist ihr besonderes und wesentliches Produkt

proletariatet er dets særlige og væsentlige produkt

Die untere Mittelschicht, der kleine Fabrikant, der
Ladenbesitzer, der Handwerker, der Bauer

Den lavere middelklasse, den lille fabrikant, butiksejeren,
håndværkeren, bonden

all diese Kämpfe gegen die Bourgeoisie

alle disse kampe mod bourgeoisiet

Sie kämpfen als Fraktionen der Mittelschicht, um sich vor
dem Aussterben zu retten

de kæmper som fraktioner af middelklassen for at redde sig
selv fra udryddelse

Sie sind also nicht revolutionär, sondern konservativ

De er derfor ikke revolutionære, men konservative

Ja, mehr noch, sie sind reaktionär, denn sie versuchen, das Rad der Geschichte zurückzudrehen
Nej, de er reaktionære, for de forsøger at rulle historiens hjul tilbage
Wenn sie zufällig revolutionär sind, so sind sie es nur im Hinblick auf ihre bevorstehende Überführung in das Proletariat
Hvis de tilfældigvis er revolutionære, så er de det kun i betragtning af deres forestående overførsel til proletariatet
Sie verteidigen also nicht ihre gegenwärtigen, sondern ihre zukünftigen Interessen
De forsvarer således ikke deres nuværende, men deres fremtidige interesser
sie verlassen ihren eigenen Standpunkt, um sich auf den des Proletariats zu stellen
de forlader deres eget standpunkt for at placere sig på proletariatets standpunkt
Die »gefährliche Klasse«, der soziale Abschaum, diese passiv verrottende Masse, die von den untersten Schichten der alten Gesellschaft abgeworfen wird
Den "farlige klasse", det sociale afskum, den passivt rådnende masse, der kastes af de laveste lag i det gamle samfund
sie können hier und da von einer proletarischen Revolution in die Bewegung hineingerissen werden
de kan her og der blive fejet ind i bevægelsen af en proletarisk revolution
Seine Lebensbedingungen bereiten ihn jedoch viel mehr auf die Rolle eines bestochenen Werkzeugs reaktionärer Intrigen vor
Dens livsbetingelser forbereder den imidlertid langt mere til rollen som et bestukket redskab for reaktionære intriger
In den Verhältnissen des Proletariats sind die Verhältnisse der alten Gesellschaft im Allgemeinen bereits praktisch überschwemmt
Under proletariatets forhold er det gamle samfunds forhold allerede praktisk talt oversvømmet

Der Proletarier ist ohne Eigentum
Proletaren er uden ejendom
sein Verhältnis zu Frau und Kindern hat mit den
Familienverhältnissen der Bourgeoisie nichts mehr gemein
hans forhold til hustru og børn har ikke længere noget til
fælles med bourgeoisiets familieforhold
moderne industrielle Arbeit, moderne Unterwerfung unter
das Kapital, dasselbe in England wie in Frankreich, in
Amerika wie in Deutschland
moderne industriarbejde, moderne underkastelse under
kapitalen, det samme i England som i Frankrig, i Amerika som
i Tyskland
Seine Stellung in der Gesellschaft hat ihm jede Spur von
nationalem Charakter genommen
hans tilstand i samfundet har berøvet ham ethvert spor af
national karakter
Gesetz, Moral, Religion sind für ihn so viele Bourgeoisie
Vorurteile
Lov, moral, religion er for ham så mange borgerlige fordomme
und hinter diesen Vorurteilen lauern ebenso viele
Bourgeoisie Interessen
og bag disse fordomme lurer i baghold lige så mange
borgerlige interesser
Alle vorhergehenden Klassen, die die Oberhand gewannen,
versuchten, ihren bereits erworbenen Status zu festigen
Alle de foregående klasser, der fik overtaget, søgte at befæste
deres allerede erhvervede status
Sie taten dies, indem sie die Gesellschaft als Ganzes ihren
Aneignungsbedingungen unterwarfen
Det gjorde de ved at underkaste samfundet som helhed deres
tilegnelsesbetingelser
Die Proletarier können nicht Herren der Produktivkräfte der
Gesellschaft werden
Proletarerne kan ikke blive herrer over samfundets
produktivkræfter

Sie kann dies nur tun, indem sie ihre eigene bisherige Aneignungsweise abschafft

Det kan den kun gøre ved at afskaffe deres egen tidligere tilegnelsesmåde

Und damit hebt sie auch jede andere bisherige Aneignungsweise auf

og derved afskaffer den også alle andre tidligere måder at tilegne sig på

Sie haben nichts Eigenes zu sichern und zu festigen

De har intet af deres eget at sikre og befæste

Ihre Aufgabe ist es, alle bisherigen Sicherheiten und Versicherungen für individuelles Eigentum zu vernichten

deres mission er at destruere alle tidligere sikkerhedsstillelser for og forsikringer af individuel ejendom

Alle bisherigen historischen Bewegungen waren Bewegungen von Minderheiten

Alle tidligere historiske bevægelser var bevægelser af minoriteter

oder es handelte sich um Bewegungen im Interesse von Minderheiten

eller de var bevægelser i mindretals interesse

Die proletarische Bewegung ist die selbstbewusste, selbständige Bewegung der ungeheuren Mehrheit

Den proletariske bevægelse er det uhyre flertals selvbevidste, uafhængige bevægelse

Und es ist eine Bewegung im Interesse der großen Mehrheit

og det er en bevægelse i det uhyre flertals interesse

Das Proletariat, die unterste Schicht unserer heutigen Gesellschaft

Proletariatet, det laveste lag i vort nuværende samfund

Sie kann sich nicht regen oder erheben, ohne daß die ganze übergeordnete Schicht der offiziellen Gesellschaft in die Luft geschleudert wird

den kan ikke røre sig eller rejse sig, uden at hele det officielle samfunds overordnede lag springer op i luften

Der Kampf des Proletariats mit der Bourgeoisie ist, wenn auch nicht der Substanz nach, doch zunächst ein nationaler Kampf

Skønt den ikke er indholdsmæssig, så er proletariatets kamp mod bourgeoisiet i begyndelsen en national kamp

Das Proletariat eines jeden Landes muss natürlich vor allem mit seiner eigenen Bourgeoisie abrechnen

Proletariatet i hvert land må naturligvis først og fremmest afgøre sagen med sit eget bourgeoisi

Indem wir die allgemeinsten Phasen der Entwicklung des Proletariats schilderten, verfolgten wir den mehr oder weniger verhüllten Bürgerkrieg

Ved at skildre de mest generelle faser af proletariatets udvikling sporede vi den mere eller mindre tilslørede borgerkrig

Diese Zivilgesellschaft wütet in der bestehenden Gesellschaft

Denne civile raser i det eksisterende samfund

Er wird bis zu dem Punkt wüten, an dem dieser Krieg in eine offene Revolution ausbricht

den vil rase indtil det punkt, hvor krigen bryder ud i åben revolution

und dann legt der gewaltsame Sturz der Bourgeoisie die Grundlage für die Herrschaft des Proletariats

og så lægger den voldelige omstyrtelse af bourgeoisiet grunden til proletariatets herredømme

Bisher beruhte jede Gesellschaftsform, wie wir bereits gesehen haben, auf dem Antagonismus unterdrückender und unterdrückter Klassen

Hidtil har enhver form for samfund, som vi allerede har set, været baseret på modsætningen mellem undertrykkende og undertrykte klasser

Um aber eine Klasse zu unterdrücken, müssen ihr gewisse Bedingungen zugesichert werden

Men for at undertrykke en klasse må visse betingelser sikres den

Die Klasse muss unter Bedingungen gehalten werden, unter denen sie wenigstens ihre sklavische Existenz fortsetzen kann

klassen skal holdes under forhold, hvor den i det mindste kan fortsætte sin slaviske tilværelse

Der Leibeigene erhob sich in der Zeit der Leibeigenschaft zum Mitglied der Kommune

Den livegne ophøjede sig i livegenskabsperioden til medlemskab af kommunen

so wie es dem Kleinbourgeoisie unter dem Joch des feudalen Absolutismus gelang, sich zur Bourgeoisie zu entwickeln

ligesom småborgerskabet under den feudale absolutismes åg formåede at udvikle sig til et bourgeoisi

Der moderne Arbeiter dagegen sinkt, anstatt sich mit dem Fortschritt der Industrie zu erheben, immer tiefer

Den moderne arbejder derimod synker dybere og dybere i stedet for at stige med industriens fremskridt

Er sinkt unter die Existenzbedingungen seiner eigenen Klasse

han synker under sin egen klasses eksistensbetingelser

Er wird ein Bettler, und der Pauperismus entwickelt sich schneller als Bevölkerung und Reichtum

Han bliver en fattiglem, og fattigdommen udvikler sig hurtigere end befolkning og rigdom

Und hier zeigt sich, dass die Bourgeoisie nicht mehr geeignet ist, die herrschende Klasse in der Gesellschaft zu sein

Og her bliver det klart, at bourgeoisiet ikke længere er egnet til at være den herskende klasse i samfundet

und sie ist ungeeignet, der Gesellschaft ihre Existenzbedingungen als übergeordnetes Gesetz aufzuzwingen

og det er uegnet at påtvinge samfundet sine eksistensbetingelser som en overordnet lov

Sie ist unfähig zu herrschen, weil sie unfähig ist, ihrem Sklaven in seiner Sklaverei eine Existenz zu sichern

Den er uegnet til at regere, fordi den er inkompetent til at sikre sin slave en eksistens i sit slaveri

denn sie kann nicht anders, als ihn in einen solchen Zustand sinken zu lassen, daß sie ihn ernähren muss, statt von ihm gefüttert zu werden

fordi den ikke kan lade ham synke ned i en sådan tilstand, at den må fodre ham i stedet for at blive fodret af ham

Die Gesellschaft kann nicht länger unter dieser Bourgeoisie leben

Samfundet kan ikke længere leve under dette bourgeoisi

Mit anderen Worten, ihre Existenz ist nicht mehr mit der Gesellschaft vereinbar

Med andre ord er dens eksistens ikke længere forenelig med samfundet

Die wesentliche Bedingung für die Existenz und die Herrschaft der Bourgeoisie Klasse ist die Bildung und Vermehrung des Kapitals

Den væsentlige betingelse for bourgeoisiets klasses eksistens og herravälde er kapitalens dannelse og forøgelse

Die Bedingung für das Kapital ist Lohnarbeit

Kapitalens betingelse er lønarbejde

Die Lohnarbeit beruht ausschließlich auf der Konkurrenz zwischen den Arbeitern

Lønarbejdet hviler udelukkende på konkurrencen mellem arbejderne

Der Fortschritt der Industrie, deren unfreiwilliger Förderer die Bourgeoisie ist, tritt an die Stelle der Isolierung der Arbeiter

Industriens fremskridt, hvis ufrivillige fortaler er bourgeoisiet, erstatter arbejdernes isolation

durch die Konkurrenz, durch ihre revolutionäre Kombination, durch die Assoziation

på grund af konkurrence, på grund af deres revolutionære kombination, på grund af

Die Entwicklung der modernen Industrie schneidet ihr die Grundlage unter den Füßen weg, auf der die Bourgeoisie Produkte produziert und sich aneignet

Den moderne industris udvikling skærer selve grundlaget for bourgeoisiets produktion og tilegner sig produkter under dens fødder

Was die Bourgeoisie vor allem produziert, sind ihre eigenen Totengräber

Det, bourgeoisiet frembringer, er frem for alt sine egne gravere

Der Sturz der Bourgeoisie und der Sieg des Proletariats sind gleichermaßen unvermeidlich

Bourgeoisiets fald og proletariatets sejr er lige så uundgåelige

Proletarier und Kommunisten
Proletarer og kommunister

In welchem Verhältnis stehen die Kommunisten zu den Proletariern insgesamt?

I hvilket forhold står kommunisterne til proletarerne som helhed?

Die Kommunisten bilden keine eigene Partei, die anderen Arbeiterparteien entgegengesetzt ist

Kommunisterne danner ikke et særskilt parti i modsætning til andre arbejderpartier

Sie haben keine Interessen, die von denen des Proletariats als Ganzes getrennt und getrennt sind

De har ingen interesser, der er adskilt fra og adskilt fra proletariatets interesser som helhed

Sie stellen keine eigenen sektiererischen Prinzipien auf, nach denen sie die proletarische Bewegung formen und formen könnten

De opstiller ikke deres egne sekteriske principper, hvormed de kan forme og forme den proletariske bevægelse

Die Kommunisten unterscheiden sich von den anderen Arbeiterparteien nur durch zwei Dinge

Kommunisterne adskiller sig kun fra de andre arbejderpartier ved to ting

Erstens: Sie weisen auf die gemeinsamen Interessen des gesamten Proletariats hin und bringen sie in den Vordergrund, unabhängig von jeder Nationalität

For det første peger de på og bringer hele proletariatets fælles interesser i forgrunden, uafhængigt af enhver nationalitet

Das tun sie in den nationalen Kämpfen der Proletarier der verschiedenen Länder

Dette gør de i de forskellige landes proletarers nationale kampe

Zweitens vertreten sie immer und überall die Interessen der gesamten Bewegung

For det andet repræsenterer de altid og overalt bevægelsens interesser som helhed

das tun sie in den verschiedenen Entwicklungsstadien, die der Kampf der Arbeiterklasse gegen die Bourgeoisie zu durchlaufen hat

dette gør de på de forskellige udviklingstrin, som arbejderklassens kamp mod bourgeoisiet skal igennem

Die Kommunisten sind also auf der einen Seite praktisch der fortschrittlichste und entschiedenste Teil der Arbeiterparteien eines jeden Landes

Kommunisterne er derfor på den ene side praktisk talt den mest fremskredne og beslutsomme del af arbejderpartierne i ethvert land

Sie sind der Teil der Arbeiterklasse, der alle anderen vorantreibt

de er den del af arbejderklassen, der skubber alle andre frem

Theoretisch haben sie auch den Vorteil, dass sie die Marschlinie klar verstehen

Teoretisk set har de også den fordel, at de klart forstår marchlinjen

Das verstehen sie besser im Vergleich zu der großen Masse des Proletariats

Dette forstår de bedre sammenlignet med proletariatets store masse

Sie verstehen die Bedingungen und die letzten allgemeinen Ergebnisse der proletarischen Bewegung

De forstår den proletariske bevægelses betingelser og endelige almene resultater

Das unmittelbare Ziel des Kommunisten ist dasselbe wie das aller anderen proletarischen Parteien

Det kommunistiske umiddelbare mål er det samme som alle de andre proletariske partiers

Ihr Ziel ist die Formierung des Proletariats zu einer Klasse

deres mål er at forme proletariatet til en klasse

sie zielen darauf ab, die Vorherrschaft der Bourgeoisie zu stürzen

de sigter mod at vælte borgerskabets overherredømme

das Streben nach politischer Machteroberung durch das Proletariat

stræben efter proletariatets erobring af den politiske magt

Die theoretischen Schlußfolgerungen der Kommunisten beruhen in keiner Weise auf Ideen oder Prinzipien der Reformer

Kommunisternes teoretiske konklusioner er på ingen måde baseret på reformatorernes ideer eller principper

es waren keine Möchtegern-Universalreformer, die die theoretischen Schlussfolgerungen der Kommunisten erfunden oder entdeckt haben

det var ikke potentielle universelle reformatorer, der opfandt eller opdagede kommunisternes teoretiske konklusioner

Sie drücken lediglich in allgemeinen Begriffen tatsächliche Verhältnisse aus, die aus einem bestehenden Klassenkampf hervorgehen

De udtrykker blot i generelle vendinger faktiske forhold, der udspringer af en eksisterende klassekamp

Und sie beschreiben die historische Bewegung, die sich unter unseren Augen abspielt und die diesen Klassenkampf hervorgebracht hat

og de beskriver den historiske bevægelse, der foregår for øjnene af os, og som har skabt denne klassekamp

Die Abschaffung bestehender Eigentumsverhältnisse ist keineswegs ein charakteristisches Merkmal des Kommunismus

Afskaffelsen af de eksisterende ejendomsforhold er slet ikke et karakteristisk træk ved kommunismen

Alle Eigentumsverhältnisse in der Vergangenheit waren einem ständigen historischen Wandel unterworfen

Alle ejendomsforhold i fortiden har konstant været genstand for historiske ændringer

Und diese Veränderungen waren eine Folge der Veränderung der historischen Bedingungen

og disse ændringer var en konsekvens af ændringen i de historiske forhold

Die Französische Revolution zum Beispiel schaffte das Feudaleigentum zugunsten des Bourgeoisie Eigentums ab
Den franske revolution afskaffede f.eks. feudal ejendom til fordel for borgerskabets ejendom
Das Unterscheidungsmerkmal des Kommunismus ist nicht die Abschaffung des Eigentums im Allgemeinen
Kommunismens særlige træk er ikke afskaffelsen af ejendomsretten i almindelighed
aber das Unterscheidungsmerkmal des Kommunismus ist die Abschaffung des Bourgeoisie Eigentums
men kommunismens kendetegn er afskaffelsen af borgerskabets ejendom
Aber das Privateigentum der modernen Bourgeoisie ist der letzte und vollständigste Ausdruck des Systems der Produktion und Aneignung von Produkten
Men det moderne bourgeoisis privatejendom er det endelige og mest fuldstændige udtryk for systemet med at producere og tilegne sig produkter
Es ist der Endzustand eines Systems, das auf Klassengegensätzen beruht, wobei der Klassenantagonismus die Ausbeutung der Vielen durch die Wenigen ist
Det er den endelige tilstand af et system, der er baseret på klassemodsætninger, hvor klassemodsætninger er de fås udbytning af de mange
In diesem Sinne läßt sich die Theorie der Kommunisten in einem einzigen Satz zusammenfassen; die Abschaffung des Privateigentums
I denne forstand kan kommunisternes teori opsummeres i en enkelt sætning; afskaffelse af privat ejendomsret
Uns Kommunisten hat man vorgeworfen, das Recht auf persönlichen Eigentumserwerb abschaffen zu wollen
Vi kommunister er blevet bebrejdet ønsket om at afskaffe retten til personligt at erhverve ejendom
Es wird behauptet, dass diese Eigenschaft die Frucht der eigenen Arbeit eines Menschen ist

Det hævdes, at denne egenskab er frugten af et menneskes eget arbejde

Und diese Eigenschaft soll die Grundlage aller persönlichen Freiheit, Aktivität und Unabhängigkeit sein.

og denne ejendom påstås at være grundlaget for al personlig frihed, aktivitet og uafhængighed.

"Hart erkämpftes, selbst erworbenes, selbst verdientes Eigentum!"

"Hårdt vundet, selverhvervet, selvfortjent ejendom!"

Meinst du das Eigentum des kleinen Handwerkers und des Kleinbauern?

Mener du småhåndværkerens og småbondens ejendom?

Meinen Sie eine Form des Eigentums, die der Bourgeoisie Form vorausging?

Mener du en form for ejendom, der gik forud for borgerskabsformen?

Es ist nicht nötig, sie abzuschaffen, die Entwicklung der Industrie hat sie zum großen Teil bereits zerstört

Det er der ingen grund til at afskaffe, industriens udvikling har i vid udstrækning allerede ødelagt den

Und die Entwicklung der Industrie zerstört sie immer noch täglich

og udviklingen af industrien ødelægger den stadig dagligt

Oder meinen Sie das moderne Bourgeoisie Privateigentum?

Eller mener du det moderne borgerskab med privat ejendom?

Aber schafft die Lohnarbeit irgendein Eigentum für den Arbeiter?

Men skaber lønarbejdet nogen ejendom for arbejderen?

Nein, die Lohnarbeit schafft nicht ein bisschen von dieser Art von Eigentum!

Nej, lønarbejde skaber ikke en smule af denne slags ejendom!

Was Lohnarbeit schafft, ist Kapital; jene Art von Eigentum, das Lohnarbeit ausbeutet

Det, som lønarbejdet skaber, er kapital; den slags ejendom, der udnytter lønarbejde

Das Kapital kann sich nur unter der Bedingung vermehren, daß es ein neues Angebot an Lohnarbeit für neue Ausbeutung erzeugt

Kapitalen kan ikke vokse, medmindre den frembringer et nyt udbud af lønarbejde til ny udbytning

Das Eigentum in seiner jetzigen Form beruht auf dem Antagonismus von Kapital und Lohnarbeit

Ejendom i sin nuværende form er baseret på modsætningen mellem kapital og lønarbejde

Betrachten wir beide Seiten dieses Antagonismus

Lad os undersøge begge sider af denne antagonisme

Kapitalist zu sein bedeutet nicht nur, einen rein persönlichen Status zu haben

At være kapitalist er ikke kun at have en rent personlig status

Stattdessen bedeutet Kapitalist zu sein auch, einen sozialen Status in der Produktion zu haben

I stedet er det at være kapitalist også at have en social status i produktionen

weil Kapital ein kollektives Produkt ist; Nur durch das gemeinsame Handeln vieler Mitglieder kann sie in Gang gesetzt werden

fordi kapital er et kollektivt produkt; Kun ved en fælles indsats fra mange medlemmer kan den sættes i gang

Aber dieses gemeinsame Handeln ist der letzte Ausweg und erfordert eigentlich alle Mitglieder der Gesellschaft

men denne forenede aktion er en sidste udvej og kræver faktisk alle medlemmer af samfundet

Das Kapital verwandelt sich in das Eigentum aller Mitglieder der Gesellschaft

Kapital bliver omdannet til alle samfundsmedlemmers ejendom

aber das Kapital ist also keine persönliche Macht; Es ist eine gesellschaftliche Macht

men Kapitalen er derfor ikke en personlig magt; det er en social magt

Wenn also Kapital in gesellschaftliches Eigentum umgewandelt wird, so verwandelt sich dadurch nicht persönliches Eigentum in gesellschaftliches Eigentum
Når kapitalen således omdannes til samfundsmæssig ejendom, bliver den personlige ejendom ikke derved forvandlet til samfundsmæssig ejendom

Nur der gesellschaftliche Charakter des Eigentums wird verändert und verliert seinen Klassencharakter
Det er kun ejendommens sociale karakter, der forandres og mister sin klassekarakter

Betrachten wir nun die Lohnarbeit
Lad os nu se på lønarbejdet

Der Durchschnittspreis der Lohnarbeit ist der Mindestlohn, d.h. das Quantum der Lebensmittel
Lønarbejdets gennemsnitspris er mindstelønnen, dvs. den mængde af livsfornødenhederne

Dieser Lohn ist für die bloße Existenz als Arbeiter absolut notwendig
Denne løn er absolut nødvendig i den blotte eksistens som arbejder

Was sich also der Lohnarbeiter durch seine Arbeit aneignet, genügt nur, um ein bloßes Dasein zu verlängern und zu reproduzieren
Hvad lønarbejderen altså tilegner sig ved hjælp af sit arbejde, er kun tilstrækkeligt til at forlænge og reproducere en nøgtern tilværelse

Wir beabsichtigen keineswegs, diese persönliche Aneignung der Arbeitsprodukte abzuschaffen
Vi har på ingen måde til hensigt at afskaffe denne personlige tilegnelse af arbejdsprodukterne

eine Aneignung, die für die Erhaltung und Reproduktion des menschlichen Lebens bestimmt ist
en bevilling, der er afsat til opretholdelse og reproduktion af menneskeliv

Eine solche persönliche Aneignung der Arbeitsprodukte lässt keinen Überschuss übrig, mit dem man die Arbeit anderer befehlen könnte

En sådan personlig tilegnelse af arbejdsprodukterne efterlader intet overskud til at beordre andres arbejde

Alles, was wir beseitigen wollen, ist der erbärmliche Charakter dieser Aneignung

Alt, hvad vi ønsker at afskaffe, er den elendige karakter af denne tilegnelse

die Aneignung, unter der der Arbeiter lebt, bloß um das Kapital zu vermehren

den tilegnelse, som arbejderen lever af, blot for at forøge kapitalen

Er darf nur leben, soweit es das Interesse der herrschenden Klasse erfordert

han får kun lov til at leve, for så vidt som den herskende klasses interesser kræver det

In der Bourgeoisie Gesellschaft ist die lebendige Arbeit nur ein Mittel, um die akkumulierte Arbeit zu vermehren

I borgerskabets samfund er levende arbejde kun et middel til at øge det akkumulerede arbejde

In der kommunistischen Gesellschaft ist die akkumulierte Arbeit nur ein Mittel, um die Existenz des Arbeiters zu erweitern, zu bereichern und zu fördern

I det kommunistiske samfund er akkumuleret arbejde kun et middel til at udvide, til at berige og fremme arbejderens eksistens

In der Bourgeoisie Gesellschaft dominiert daher die Vergangenheit die Gegenwart

I det borgerlige samfund dominerer fortiden derfor nutiden

In der kommunistischen Gesellschaft dominiert die Gegenwart die Vergangenheit

i det kommunistiske samfund dominerer nutiden fortiden

In der Bourgeoisie Gesellschaft ist das Kapital unabhängig und hat Individualität

I borgerskabets samfund er kapitalen uafhængig og har individualitet

In der Bourgeoisie Gesellschaft ist der lebende Mensch abhängig und hat keine Individualität

I borgerskabets samfund er det levende menneske afhængig og har ingen individualitet

Und die Abschaffung dieses Zustandes wird von der Bourgeoisie als Abschaffung der Individualität und Freiheit bezeichnet!

Og afskaffelsen af denne tingenes tilstand kaldes af bourgeoisiet afskaffelse af individualitet og frihed!

Und man nennt sie mit Recht die Abschaffung von Individualität und Freiheit!

Og det kaldes med rette afskaffelse af individualitet og frihed!

Der Kommunismus strebt die Abschaffung der Bourgeoisie Individualität an

Kommunismen sigter mod afskaffelsen af borgerskabets individualitet

Der Kommunismus strebt die Abschaffung der Unabhängigkeit der Bourgeoisie an

Kommunismen har til hensigt at afskaffe borgerskabets uafhængighed

Die BourgeoisieFreiheit ist zweifellos das, was der Kommunismus anstrebt

Borgerskabets frihed er utvivlsomt, hvad kommunismen sigter mod

unter den gegenwärtigen Bourgeoisie Produktionsbedingungen bedeutet Freiheit freien Handel, freien Verkauf und freien Kauf

under de nuværende borgerlige produktionsbetingelser betyder frihed frihandel, frit salg og køb

Aber wenn das Verkaufen und Kaufen verschwindet, verschwindet auch das freie Verkaufen und Kaufen

Men hvis salg og køb forsvinder, forsvinder også frit salg og køb

"Mutige Worte" der Bourgeoisie über den freien Verkauf und Kauf haben nur eine begrenzte Bedeutung

"modige ord" fra borgerskabet om frit salg og køb har kun betydning i begrænset forstand

Diese Worte haben nur im Gegensatz zu eingeschränktem Verkauf und Kauf eine Bedeutung

Disse ord har kun betydning i modsætning til begrænset salg og køb

und diese Worte haben nur dann eine Bedeutung, wenn sie auf die gefesselten Händler des Mittelalters angewandt werden

og disse ord har kun betydning, når de anvendes om middelalderens lænkede handelsmænd

und das setzt voraus, dass diese Worte überhaupt eine Bedeutung im Bourgeoisie Sinne haben

og det forudsætter, at disse ord endda har betydning i borgerlig forstand

aber diese Worte haben keine Bedeutung, wenn sie gebraucht werden, um sich gegen die kommunistische Abschaffung des Kaufens und Verkaufens zu wehren

men disse ord har ingen betydning, når de bruges til at modsætte sig den kommunistiske afskaffelse af køb og salg

die Worte haben keine Bedeutung, wenn sie gebraucht werden, um sich gegen die Abschaffung der Bourgeoisie Produktionsbedingungen zu wehren

ordene har ingen betydning, når de bruges til at modsætte sig, at borgerskabets produktionsbetingelser afskaffes

und sie haben keine Bedeutung, wenn sie benutzt werden, um sich gegen die Abschaffung der Bourgeoisie selbst zu wehren

og de har ingen mening, når de bruges til at modsætte sig, at borgerskabet selv bliver afskaffet

Sie sind entsetzt über unsere Absicht, das Privateigentum abzuschaffen

Du er forfærdet over, at vi har til hensigt at afskaffe privat ejendom

Aber in eurer jetzigen Gesellschaft ist das Privateigentum für neun Zehntel der Bevölkerung bereits abgeschafft

Men i jeres nuværende samfund er den private ejendomsret allerede afskaffet for ni tiendedele af befolkningen

Die Existenz des Privateigentums für einige wenige beruht einzig und allein darauf, dass es in den Händen von neun Zehnteln der Bevölkerung nicht existiert

eksistensen af privat ejendom for de få skyldes udelukkende, at den ikke eksisterer i hænderne på ni tiendedele af befolkningen

Sie werfen uns also vor, daß wir eine Form des Eigentums abschaffen wollen

Du bebrejder os derfor, at vi har til hensigt at afskaffe en form for ejendom

Aber das Privateigentum erfordert für die ungeheure Mehrheit der Gesellschaft die Nichtexistenz jeglichen Eigentums

men privat ejendom nødvendiggør, at det overvældende flertal af samfundet ikke eksisterer nogen ejendom

Mit einem Wort, Sie werfen uns vor, daß wir Ihr Eigentum beseitigen wollen

Med ét ord bebrejder du os, at vi har til hensigt at afskaffe din ejendom

Und genau so ist es; Ihr Eigentum abzuschaffen, ist genau das, was wir beabsichtigen

Og det er netop sådan; at gøre op med din ejendom er lige, hvad vi har til hensigt

Von dem Augenblick an, wo die Arbeit nicht mehr in Kapital, Geld oder Rente verwandelt werden kann

Fra det øjeblik, hvor arbejdet ikke længere kan omsættes til kapital, penge eller jordrente

wenn die Arbeit nicht mehr in eine gesellschaftliche Macht umgewandelt werden kann, die monopolisiert werden kann

når arbejdet ikke længere kan omdannes til en social magt, der kan monopoliseres

von dem Augenblick an, wo das individuelle Eigentum nicht mehr in Bourgeoisie Eigentum verwandelt werden kann

fra det øjeblik, hvor individuel ejendom ikke længere kan forvandles til borgerskab

von dem Augenblick an, wo das individuelle Eigentum nicht mehr in Kapital verwandelt werden kann

fra det øjeblik, hvor den individuelle ejendom ikke længere kan omdannes til kapital

Von diesem Moment an sagst du, dass die Individualität verschwindet

fra det øjeblik siger du, at individualiteten forsvinder

Sie müssen also gestehen, daß Sie mit »Individuum« keine andere Person meinen als die Bourgeoisie

De må derfor tilstå, at De med »individ« ikke mener nogen anden person end bourgeoisiet

Sie müssen zugeben, dass es sich speziell auf den Bourgeoisie Eigentümer von Immobilien bezieht

Du må indrømme, at det specifikt refererer til middelklassens ejer af ejendom

Diese Person muss in der Tat aus dem Weg geräumt und unmöglich gemacht werden

Denne person må virkelig fejes af vejen og gøres umulig

Der Kommunismus beraubt niemanden der Macht, sich die Produkte der Gesellschaft anzueignen

Kommunismen berøver intet menneske magten til at tilegne sig samfundets produkter

Alles, was der Kommunismus tut, ist, ihm die Macht zu nehmen, die Arbeit anderer durch eine solche Aneignung zu unterjochen

alt, hvad kommunismen gør, er at fratage ham magten til at undertvinge andres arbejde ved hjælp af en sådan tilegnelse

Man hat eingewendet, daß mit der Abschaffung des Privateigentums alle Arbeit aufhören werde

Det er blevet indvendt, at ved afskaffelsen af den private ejendomsret vil alt arbejde ophøre

Und dann wird suggeriert, dass uns die universelle Faulheit überwältigen wird

og det antydes derefter, at universel dovenskab vil overvælde os

Demnach hätte die BourgeoisieGesellschaft schon längst vor lauter Müßiggang vor die Hunde gehen müssen

Ifølge dette burde det borgerlige samfund for længst være gået til hundene på grund af ren lediggang

denn diejenigen ihrer Mitglieder, die arbeiten, erwerben nichts

fordi de af dens medlemmer, der arbejder, ikke erhverver noget

und diejenigen von ihren Mitgliedern, die etwas erwerben, arbeiten nicht

og de af dens medlemmer, der erhverver noget, ikke arbejder

Der ganze Einwand ist nur ein weiterer Ausdruck der Tautologie

Hele denne indvending er blot endnu et udtryk for tautologien

Es kann keine Lohnarbeit mehr geben, wenn es kein Kapital mehr gibt

der kan ikke længere være noget lønarbejde, når der ikke længere er nogen kapital

Es gibt keinen Unterschied zwischen materiellen und mentalen Produkten

Der er ingen forskel på materielle produkter og mentale produkter

Der Kommunismus schlägt vor, dass beides auf die gleiche Weise produziert wird

Kommunismen foreslår, at begge disse produceres på samme måde

aber die Einwände gegen die kommunistischen Produktionsweisen sind dieselben

men indvendingerne mod de kommunistiske måder at producere disse på er de samme

Für die Bourgeoisie ist das Verschwinden des Klasseneigentums das Verschwinden der Produktion selbst

For bourgeoisiet er klasseejendommens forsvinden selve produktionens forsvinden

So ist für ihn das Verschwinden der Klassenkultur identisch mit dem Verschwinden aller Kultur

Så klassekulturens forsvinden er for ham identisk med al kulturs forsvinden

Diese Kultur, deren Verlust er beklagt, ist für die überwiegende Mehrheit ein bloßes Training, um als Maschine zu agieren

Denne kultur, hvis tab han beklager, er for det store flertal blot en opdragelse til at fungere som en maskine

Die Kommunisten haben die Absicht, die Kultur des Bourgeoisie Eigentums abzuschaffen

Kommunisterne har i høj grad til hensigt at afskaffe kulturen med borgerskabets ejendom

Aber zankt euch nicht mit uns, solange ihr den Maßstab eurer Bourgeoisie Vorstellungen von Freiheit, Kultur, Recht usw. anlegt

Men skændes ikke med os, så længe du anvender standarden for dit borgerskabs forestillinger om frihed, kultur, lov osv

Eure Ideen selbst sind nur die Auswüchse der Bedingungen eurer Bourgeoisie Produktion und eures Bourgeoisie Eigentums

Selve dine ideer er kun en udløber af betingelserne for din borgerlige produktion og borgerskabets ejendom

so wie eure Jurisprudenz nichts anderes ist als der Wille eurer Klasse, der zum Gesetz für alle gemacht wurde

ligesom din retsvidenskab kun er din klasses vilje gjort til en lov for alle

Der wesentliche Charakter und die Richtung dieses Willens werden durch die ökonomischen Bedingungen bestimmt, die Ihre soziale Klasse schafft

Den essentielle karakter og retning af denne vilje bestemmes af de økonomiske forhold, som jeres sociale klasse skaber

Der selbstsüchtige Irrtum, der dich veranlaßt, soziale Formen in ewige Gesetze der Natur und der Vernunft zu verwandeln

Den egoistiske misforståelse, der får dig til at forvandle sociale former til evige naturlove og fornuftslove

die gesellschaftlichen Formen, die aus eurer gegenwärtigen Produktionsweise und Eigentumsform entspringen

de samfundsmæssige former, der udspringer af din nuværende produktionsmåde og ejendomsform

historische Beziehungen, die im Fortschritt der Produktion auf- und verschwinden

historiske forhold, der opstår og forsvinder i produktionens forløb

Dieses Missverständnis teilt ihr mit jeder herrschenden Klasse, die euch vorausgegangen ist

Denne misforståelse deler du med enhver herskende klasse, der er gået forud for dig

Was Sie bei antikem Eigentum klar sehen, was Sie bei feudalem Eigentum zugeben

Hvad du ser klart i tilfælde af gammel ejendom, hvad du indrømmer i tilfælde af feudal ejendom

diese Dinge dürfen Sie natürlich nicht zugeben, wenn es sich um Ihre eigene BourgeoisieEigentumsform handelt

disse ting er det naturligvis forbudt for Deres egen borgerlige ejendomsform

Abschaffung der Familie! Selbst die Radikalsten entrüsten sich über diesen infamen Vorschlag der Kommunisten

Afskaffelse af familien! Selv de mest radikale blusser op over dette berygtede forslag fra kommunisterne

Auf welcher Grundlage beruht die heutige Familie, die BourgeoisieFamilie?

På hvilket grundlag er den nuværende familie, borgerskabsfamilien, baseret?

Die Gründung der heutigen Familie beruht auf Kapital und privatem Gewinn

Grundlæggelsen af den nuværende familie er baseret på kapital og privat vinding

In ihrer voll entwickelten Form existiert diese Familie nur unter der Bourgeoisie

I sin fuldt udviklede form eksisterer denne familie kun blandt bourgeoisiet

Dieser Zustand der Dinge findet seine Ergänzung in der praktischen Abwesenheit der Familie bei den Proletariern

Denne tingenes tilstand finder sit supplement i det praktiske fravær af familien blandt proletarerne

Dieser Zustand ist in der öffentlichen Prostitution zu finden

Denne tingenes tilstand kan findes i offentlig prostitution

Die BourgeoisieFamilie wird wie selbstverständlich verschwinden, wenn ihr Komplement verschwindet

Borgerskabets familie vil forsvinde som en selvfølge, når dens komplement forsvinder

Und beides wird mit dem Verschwinden des Kapitals verschwinden

og begge disse vil forsvinde med kapitalens forsvinden

Werfen Sie uns vor, dass wir die Ausbeutung von Kindern durch ihre Eltern stoppen wollen?

Beskylder du os for at ville stoppe deres forældres udnyttelse af børn?

Diesem Verbrechen bekennen wir uns schuldig

Vi erklærer os skyldige i denne forbrydelse

Aber, werden Sie sagen, wir zerstören die heiligsten Beziehungen, wenn wir die häusliche Erziehung durch die soziale Erziehung ersetzen

Men, vil du sige, vi ødelægger de helligste forhold, når vi erstatter hjemmeundervisning med social opdragelse

Ist Ihre Erziehung nicht auch sozial? Und wird sie nicht von den gesellschaftlichen Bedingungen bestimmt, unter denen man erzieht?

Er din uddannelse ikke også social? Og er det ikke bestemt af de sociale forhold, du uddanner dig under?

durch direkte oder indirekte Eingriffe in die Gesellschaft, durch Schulen usw.

ved indgriben, direkte eller indirekte, af samfundet, ved hjælp af skoler osv.

Die Kommunisten haben die Einmischung der Gesellschaft in die Erziehung nicht erfunden

Kommunisterne har ikke opfundet samfundets indgriben i undervisningen

Sie versuchen lediglich, den Charakter dieses Eingriffs zu ändern

De søger blot at ændre karakteren af dette indgreb

Und sie versuchen, das Bildungswesen vor dem Einfluss der herrschenden Klasse zu retten

og de søger at redde uddannelse fra den herskende klasses indflydelse

Die Bourgeoisie spricht von der geheiligten Beziehung von Eltern und Kind

Borgerskabet taler om det hellige forhold mellem forældre og barn

aber dieses Geschwätz über die Familie und die Erziehung wird um so widerwärtiger, wenn wir die moderne Industrie betrachten

men denne klapfælde om familien og uddannelsen bliver så meget desto mere modbydelig, når vi ser på den moderne industri

Alle Familienbande unter den Proletariern werden durch die moderne Industrie zerrissen

Alle familiebånd mellem proletarerne er revet i stykker af moderne industri

ihre Kinder werden zu einfachen Handelsartikeln und Arbeitsinstrumenten

deres børn forvandles til simple handelsvarer og arbejdsredskaber

Aber ihr Kommunisten würdet eine Gemeinschaft von Frauen schaffen, schreit die ganze Bourgeoisie im Chor

Men I kommunister ville skabe et fællesskab af kvinder, råber
hele bourgeoisiet i kor
**Die Bourgeoisie sieht in seiner Frau ein bloßes
Produktionsinstrument**
Bourgeoisiet ser i sin hustru blot et produktionsredskab
**Er hört, dass die Produktionsmittel von allen ausgebeutet
werden sollen**
Han hører, at produktionsinstrumenterne skal udnyttes af alle
**Und natürlich kann er zu keinem anderen Schluß kommen,
als daß das Los, allen gemeinsam zu sein, auch den Frauen
zufallen wird**
og naturligvis kan han ikke komme til anden konklusion, end
at det at være fælles for alle også vil tilfalde kvinderne
**Er hat nicht einmal den geringsten Verdacht, dass es in
Wirklichkeit darum geht, die Stellung der Frau als bloße
Produktionsinstrumente abzuschaffen**
Han har ikke engang en mistanke om, at den egentlige pointe
er at afskaffe kvinders status som rene
produktionsinstrumenter
**Im übrigen ist nichts lächerlicher als die tugendhafte
Empörung unserer Bourgeoisie über die Gemeinschaft der
Frauen**
I øvrigt er intet mere latterligt end vort borgerskabs dydige
indignation over kvindefælllesskabet
**sie tun so, als ob sie von den Kommunisten offen und
offiziell eingeführt werden sollte**
de foregiver, at det skal være åbent og officielt etableret af
kommunisterne
**Die Kommunisten haben es nicht nötig, die Gemeinschaft
der Frauen einzuführen, sie existiert fast seit undenklichen
Zeiten**
Kommunisterne har ikke behov for at indføre et
kvindefælllesskab, det har eksisteret næsten i umindelige tider
**Unsere Bourgeoisie begnügt sich nicht damit, die Frauen
und Töchter ihrer Proletarier zur Verfügung zu haben**

Bourgeoisiet er ikke tilfreds med at have deres proletarers
hustruer og døtre til deres rådighed
**Sie haben das größte Vergnügen daran, ihre Frauen
gegenseitig zu verführen**
de finder den største fornøjelse i at forføre hinandens koner
**Und das ist noch nicht einmal von gewöhnlichen
Prostituierten zu sprechen**
og det er ikke engang at tale om almindelige prostituerede
**Die BourgeoisieEhe ist in Wirklichkeit ein System
gemeinsamer Ehefrauen**
Borgerskabets ægteskab er i virkeligheden et system af
hustruer i fællesskab
**dann gibt es eine Sache, die man den Kommunisten
vielleicht vorwerfen könnte**
så er der én ting, som kommunisterne muligvis kan bebrejdes
**Sie wollen eine offen legalisierte Gemeinschaft von Frauen
einführen**
de ønsker at indføre et åbent legaliseret fællesskab af kvinder
statt einer heuchlerisch verhüllten Gemeinschaft von Frauen
snarere end et hyklerisk skjult fællesskab af kvinder
**Die Gemeinschaft der Frauen, die aus dem
Produktionssystem hervorgegangen ist**
Kvindefællesskabet, der udspringer af produktionssystemet
**Schafft das Produktionssystem ab, und ihr schafft die
Gemeinschaft der Frauen ab**
Afskaf produktionssystemet, og du afskaffer
kvindefællesskabet
**Sowohl die öffentliche Prostitution als auch die private
Prostitution wird abgeschafft**
både offentlig prostitution afskaffes, og privat prostitution
afskaffes
**Den Kommunisten wird noch dazu vorgeworfen, sie wollten
Länder und Nationalitäten abschaffen**
Kommunisterne bebrejdes desuden mere, at de ønsker at
afskaffe lande og nationalitet

Die Arbeiter haben kein Vaterland, also können wir ihnen nicht nehmen, was sie nicht haben

Arbejderne har intet land, så vi kan ikke tage fra dem, hvad de ikke har fået

Das Proletariat muss vor allem die politische Herrschaft erlangen

proletariatet må først og fremmest opnå politisk overherredømme

Das Proletariat muss sich zur führenden Klasse der Nation erheben

proletariatet må rejse sig til at blive nationens ledende klasse

Das Proletariat muss sich zur Nation konstituieren

proletariatet må konstituere sig selv som nationen

sie ist bis jetzt selbst national, wenn auch nicht im Bourgeoisie Sinne des Wortes

den er indtil videre selv national, skønt ikke i ordets borgerlige betydning

Nationale Unterschiede und Gegensätze zwischen den Völkern verschwinden täglich mehr und mehr

Nationale forskelle og modsætninger mellem folkeslag forsvinder for hver dag mere og mere

der Entwicklung der Bourgeoisie, der Freiheit des Handels, des Weltmarktes

på grund af bourgeoisiets udvikling, på grund af den frie handel, på verdensmarkedet

zur Gleichförmigkeit der Produktionsweise und der ihr entsprechenden Lebensbedingungen

ensartethed i produktionsmåden og i de dertil knyttede levevilkår

Die Herrschaft des Proletariats wird sie noch schneller verschwinden lassen

Proletariatets overherredømme vil få dem til at forsvinde endnu hurtigere

Die einheitliche Aktion, wenigstens der führenden zivilisierten Länder, ist eine der ersten Bedingungen für die Befreiung des Proletariats

Enhedsaktion, i det mindste fra de førende civiliserede lande, er en af de første betingelser for proletariatets befrielse

In dem Maße, wie der Ausbeutung eines Individuums durch ein anderes ein Ende gesetzt wird, wird auch der Ausbeutung einer Nation durch eine andere ein Ende gesetzt.

I samme grad som der sættes en stopper for et andet individs udbytning, vil der også blive sat en stopper for en nations udbytning af et andet

In dem Maße, wie der Antagonismus zwischen den Klassen innerhalb der Nation verschwindet, wird die Feindschaft einer Nation gegen die andere ein Ende haben

I samme grad som modsætningen mellem klasserne inden for nationen forsvinder, vil den ene nations fjendtlighed over for den anden ophøre

Die Anschuldigungen gegen den Kommunismus, die von einem religiösen, philosophischen und allgemein von einem ideologischen Standpunkt aus erhoben werden, verdienen keine ernsthafte Prüfung

Anklagerne mod kommunismen fra et religiøst, et filosofisk og generelt fra et ideologisk synspunkt fortjener ikke en seriøs undersøgelse

Braucht es eine tiefe Intuition, um zu begreifen, dass sich die Ideen, Ansichten und Vorstellungen des Menschen mit jeder Veränderung der Bedingungen seiner materiellen Existenz ändern?

Kræver det dyb intuition at forstå, at menneskets ideer, anskuelser og forestillinger ændrer sig med enhver forandring i betingelserne for dets materielle tilværelse?

Ist es nicht offensichtlich, dass das Bewusstsein des Menschen sich Verändert, wenn seine sozialen Beziehungen und sein soziales Leben ändern?

Er det ikke indlysende, at menneskets bevidsthed forandrer sig, når dets sociale relationer og dets sociale liv forandrer sig?

Was beweist die Ideengeschichte anderes, als daß die geistige Produktion ihren Charakter in dem Maße ändert, wie die materielle Produktion verändert wird?

Hvad beviser idéhistorien andet, end at den intellektuelle produktion ændrer karakter i takt med, at den materielle produktion forandres?

Die herrschenden Ideen eines jeden Zeitalters waren immer die Ideen seiner herrschenden Klasse

De herskende ideer i hver tidsalder har altid været den herskende klasses ideer

Wenn Menschen von Ideen sprechen, die die Gesellschaft revolutionieren, drücken sie nur eine Tatsache aus

Når folk taler om ideer, der revolutionerer samfundet, udtrykker de kun én kendsgerning

Innerhalb der alten Gesellschaft wurden die Elemente einer neuen geschaffen

I det gamle samfund er elementerne til et nyt blevet skabt

und daß die Auflösung der alten Ideen mit der Auflösung der alten Daseinsverhältnisse Schritt hält

og at opløsningen af de gamle ideer holder trit med opløsningen af de gamle tilværelsesbetingelser

Als die Antike in den letzten Zügen lag, wurden die alten Religionen vom Christentum überwunden

Da den antikke verden var i sine sidste krampetrækninger, blev de gamle religioner overvundet af kristendommen

Als die christlichen Ideen im 18. Jahrhundert den rationalistischen Ideen erlagen, kämpfte die feudale Gesellschaft ihren Todeskampf mit der damals revolutionären Bourgeoisie

Da kristne ideer i det 18. århundrede bukkede under for rationalistiske ideer, udkæmpede det feudale samfund sin dødskamp mod det dengang revolutionære borgerskab

Die Ideen der Religions- und Gewissensfreiheit brachten lediglich die Herrschaft des freien Wettbewerbs auf dem Gebiet des Wissens zum Ausdruck

Ideerne om religionsfrihed og samvittighedsfrihed gav blot udtryk for den frie konkurrences herredømme på kundskabens område

"Zweifellos", wird man sagen, "sind religiöse, moralische, philosophische und juristische Ideen im Laufe der geschichtlichen Entwicklung modifiziert worden"

"Utvivlsomt," vil det blive sagt, "er religiøse, moralske, filosofiske og juridiske ideer blevet modificeret i løbet af den historiske udvikling"

"Aber Religion, Moralphilosophie, Politikwissenschaft und Recht überlebten diesen Wandel ständig."

"Men religion, moral, filosofi, statskundskab og jura overlevede konstant denne forandring"

"Es gibt auch ewige Wahrheiten, wie Freiheit, Gerechtigkeit usw."

"Der er også evige sandheder, såsom frihed, retfærdighed osv."

"Diese ewigen Wahrheiten sind allen Zuständen der Gesellschaft gemeinsam"

"Disse evige sandheder er fælles for alle samfundstilstande"

"Aber der Kommunismus schafft die ewigen Wahrheiten ab, er schafft alle Religion und alle Moral ab."

"Men kommunismen afskaffer evige sandheder, den afskaffer al religion og al moral"

"Sie tut dies, anstatt sie auf einer neuen Grundlage zu konstituieren"

"Det gør det i stedet for at konstituere dem på et nyt grundlag"

"Sie handelt daher im Widerspruch zu allen bisherigen historischen Erfahrungen"

"den handler derfor i modstrid med alle tidligere historiske erfaringer"

Worauf reduziert sich dieser Vorwurf?

Hvad reducerer denne anklage sig selv til?

Die Geschichte aller vergangenen Gesellschaften hat in der Entwicklung von Klassengegensätzen bestanden

Hele fortidens samfunds historie har bestået i udviklingen af klassemodsætninger

Antagonismen, die in verschiedenen Epochen unterschiedliche Formen annahmen

antagonismer, der antog forskellige former i forskellige epoker

Aber welche Form sie auch immer angenommen haben mögen, eine Tatsache ist allen vergangenen Zeitaltern gemeinsam

Men uanset hvilken form de måtte have antaget, er der én kendsgerning, der er fælles for alle tidligere tidsaldre

die Ausbeutung eines Teils der Gesellschaft durch den anderen

den anden del af samfundets udnyttelse af den ene del af samfundet

Kein Wunder also, dass sich das gesellschaftliche Bewußtsein vergangener Zeiten innerhalb gewisser allgemeiner Formen oder allgemeiner Vorstellungen bewegt

Det er derfor ikke så mærkeligt, at tidligere tiders sociale bevidsthed bevæger sig inden for visse fælles former eller almene ideer

(und das trotz aller Vielfalt und Vielfalt, die es zeigt)

(og det er på trods af al den mangfoldighed og variation, den viser)

Und diese können nur mit dem gänzlichen Verschwinden der Klassengegensätze völlig verschwinden

og disse kan ikke forsvinde fuldstændigt, medmindre klassemodsætningerne helt forsvinder

Die kommunistische Revolution ist der radikalste Bruch mit den traditionellen Eigentumsverhältnissen

Den kommunistiske revolution er det mest radikale brud med de traditionelle ejendomsforhold

Kein Wunder, dass ihre Entwicklung den radikalsten Bruch mit den traditionellen Vorstellungen mit sich bringt

Ikke underligt, at dens udvikling indebærer det mest radikale brud med traditionelle ideer

Aber lassen wir die Einwände der Bourgeoisie gegen den Kommunismus hinter uns

Men lad os være færdige med bourgeoisiets indvendinger mod kommunismen

Wir haben oben den ersten Schritt der Arbeiterklasse in der Revolution gesehen

Vi har ovenfor set arbejderklassens første skridt i revolutionen

Das Proletariat muss zur Herrschaft erhoben werden, um den Kampf der Demokratie zu gewinnen

proletariatet må hæves til den herskende position, for at vinde kampen om demokratiet

Das Proletariat wird seine politische Vorherrschaft benutzen, um der Bourgeoisie nach und nach alles Kapital zu entreißen

Proletariatet vil bruge sit politiske overherredømme til lidt efter lidt at vriste al kapital ud af bourgeoisiet

sie wird alle Produktionsmittel in den Händen des Staates zentralisieren

den vil centralisere alle produktionsinstrumenter i hænderne på staten

Mit anderen Worten, das Proletariat organisierte sich als herrschende Klasse

med andre ord, proletariatet organiseret som den herskende klasse

Und sie wird die Summe der Produktivkräfte so schnell wie möglich vermehren

og det vil øge de samlede produktivkræfter så hurtigt som muligt

Natürlich kann dies anfangs nur durch despotische Eingriffe in die Eigentumsrechte geschehen

Naturligvis kan dette i begyndelsen kun ske ved hjælp af despotiske indgreb i ejendomsretten

und sie muss unter den Bedingungen der Bourgeoisie Produktion erreicht werden

og det skal opnås på borgerskabets produktionsbetingelser

Sie wird also durch Maßnahmen erreicht, die wirtschaftlich unzureichend und unhaltbar erscheinen

Den opnås derfor ved hjælp af foranstaltninger, der forekommer økonomisk utilstrækkelige og uholdbare

aber diese Mittel überflügeln sich im Laufe der Bewegung selbst

men disse midler overgår i løbet af bevægelsen sig selv

sie erfordern weitere Eingriffe in die alte Gesellschaftsordnung

de nødvendiggør yderligere indgreb i den gamle samfundsorden

und sie sind unvermeidlich, um die Produktionsweise völlig zu revolutionieren

og de er uundgåelige som et middel til fuldstændig at revolutionere produktionsmåden

Diese Maßnahmen werden natürlich in den verschiedenen Ländern unterschiedlich sein

Disse foranstaltninger vil naturligvis være forskellige i de forskellige lande

Nichtsdestotrotz wird in den am weitesten fortgeschrittenen Ländern das Folgende ziemlich allgemein anwendbar sein

Ikke desto mindre vil følgende i de mest avancerede lande være temmelig generelt anvendelige

1. Abschaffung des Grundeigentums und Verwendung aller Grundrenten für öffentliche Zwecke.

1. Afskaffelse af ejendomsret til jord og anvendelse af al jordrente til offentlige formål.

2. Eine hohe progressive oder abgestufte Einkommensteuer.

2. En tung progressiv eller gradueret indkomstskat.

3. Abschaffung jeglichen Erbrechts.

3. Afskaffelse af al arveret.

4. Konfiskation des Eigentums aller Emigranten und Rebellen.

4. Konfiskation af alle emigranters og oprøreres ejendom.

5. Zentralisierung des Kredits in den Händen des Staates durch eine Nationalbank mit staatlichem Kapital und ausschließlichem Monopol.

5. Centralisering af kreditten til staten ved hjælp af en nationalbank med statskapital og et eksklusivt monopol.

6. Zentralisierung der Kommunikations- und Transportmittel in den Händen des Staates.

6. Centralisering af kommunikations- og transportmidlerne i statens hænder.

7. Ausbau der Fabriken und Produktionsmittel im Eigentum des Staates

7. Udvidelse af fabrikker og produktionsinstrumenter ejet af staten

die Kultivierung von Ödland und die Verbesserung des Bodens überhaupt nach einem gemeinsamen Plan.

Dyrkning af øde arealer og forbedring af jorden i almindelighed i overensstemmelse med en fælles plan.

8. Gleiche Haftung aller für die Arbeit

8. Lige ansvar for alle over for arbejdet

Aufbau von Industriearmeen, vor allem für die Landwirtschaft.

Oprettelse af industrielle hære, især til landbrug.

9. Kombination der Landwirtschaft mit dem verarbeitenden Gewerbe

9. Kombination af landbrug og fremstillingsindustri

allmähliche Aufhebung der Unterscheidung zwischen Stadt und Land durch eine gleichmäßigere Verteilung der Bevölkerung über das Land.

gradvis afskaffelse af forskellen mellem by og land ved en mere jævn fordeling af befolkningen over landet.

10. Kostenlose Bildung für alle Kinder in öffentlichen Schulen.

10. Gratis uddannelse for alle børn i offentlige skoler.

Abschaffung der Kinderfabrikarbeit in ihrer jetzigen Form

Afskaffelse af børnearbejde i fabriksarbejde i sin nuværende form

Kombination von Bildung und industrieller Produktion
Kombination af uddannelse og industriel produktion
Wenn im Laufe der Entwicklung die Klassenunterschiede verschwunden sind
Når klasseforskellene i løbet af udviklingen er forsvundet
und wenn die ganze Produktion in den Händen einer ungeheuren Assoziation der ganzen Nation konzentriert ist
og når al produktion er blevet koncentreret i hænderne på en stor sammenslutning af hele nationen
dann verliert die Staatsgewalt ihren politischen Charakter
så vil den offentlige magt miste sin politiske karakter
Politische Macht, eigentlich so genannt, ist nichts anderes als die organisierte Macht einer Klasse, um eine andere zu unterdrücken
Den egentlige politiske magt er blot en klasses organiserede magt til at undertrykke en anden
Wenn das Proletariat in seinem Kampf mit der Bourgeoisie durch die Gewalt der Umstände gezwungen ist, sich als Klasse zu organisieren
Hvis proletariatet under sin kamp med bourgeoisiet på grund af omstændighederne er tvunget til at organisere sig som klasse
wenn sie sich durch eine Revolution zur herrschenden Klasse macht
hvis den ved hjælp af en revolution gør sig selv til den herskende klasse
und als solche fegt sie mit Gewalt die alten Produktionsbedingungen hinweg
og som sådan fejer den med magt de gamle produktionsbetingelser væk
dann wird sie mit diesen Bedingungen auch die Bedingungen für die Existenz der Klassengegensätze und der Klassen überhaupt hinweggefegt haben
så vil den sammen med disse betingelser have fejet betingelserne for eksistensen af klassemodsætninger og klasser i almindelighed væk

**und wird damit seine eigene Vorherrschaft als Klasse
aufgehoben haben.**

og vil derved have afskaffet sit eget overherredømme som
klasse.

**An die Stelle der alten Bourgeoisie Gesellschaft mit ihren
Klassen und Klassengegensätzen treten eine Assoziation**

I stedet for det gamle borgerlige samfund med dets klasser og
klassemodsætninger vil vi have en forening

**eine Assoziation, in der die freie Entwicklung eines jeden
die Bedingung für die freie Entwicklung aller ist**

en forening, hvor den enkeltes frie udvikling er betingelsen for
den frie udvikling af alle

1) Reaktionärer Sozialismus
1) Reaktionær socialisme

a) Feudaler Sozialismus
a) Feudal socialisme

die Aristokratien Frankreichs und Englands hatten eine einzigartige historische Stellung
aristokratierne i Frankrig og England havde en unik historisk position
es wurde zu ihrer Berufung, Pamphlete gegen die moderne Boureoisie Gesellschaft zu schreiben
det blev deres kald at skrive pamfletter mod det moderne borgerskab
In der französischen Revolution vom Juli 1830 und in der englischen Reformagitation
I den franske revolution i juli 1830 og i den engelske reformagitation
Diese Aristokratien erlagen wieder dem hasserfüllten Emporkömmling
Disse aristokratier bukkede igen under for den hadefulde opkomling
An eine ernsthafte politische Auseinandersetzung war fortan nicht mehr zu denken
Fra da af var en seriøs politisk kamp helt udelukket
Alles, was möglich blieb, war eine literarische Schlacht, keine wirkliche Schlacht
Det eneste, der var muligt, var litterær kamp, ikke en egentlig kamp
Aber auch auf dem Gebiet der Literatur waren die alten Schreie der Restaurationszeit unmöglich geworden
Men selv på litteraturens område var de gamle råb fra restaurationsperioden blevet umulige
Um Sympathie zu erregen, mußte die Aristokratie offenbar ihre eigenen Interessen aus den Augen verlieren

For at vække sympati var aristokratiet tilsyneladende nødt til at tabe deres egne interesser af syne

und sie waren gezwungen, ihre Anklage gegen die Bourgeoisie im Interesse der ausgebeuteten Arbeiterklasse zu formulieren

og de var nødt til at formulere deres anklage mod bourgeoisiet i den udbyttede arbejderklasses interesse

So rächte sich die Aristokratie, indem sie ihren neuen Herrn verspottete

Således tog aristokratiet deres hævn ved at synge spottende over deres nye herre

Und sie rächten sich, indem sie ihm unheimliche Prophezeiungen über die kommende Katastrophe ins Ohr flüsterten

og de tog deres hævn ved at hviske i hans ører uhyggelige profetier om kommende katastrofe

So entstand der feudale Sozialismus: halb Klage, halb Spott

På denne måde opstod den feudale socialisme: halvt klagesang, halvt spottende

Es klang halb wie ein Echo der Vergangenheit und projizierte halb die Bedrohung der Zukunft

den lød som et halvt ekko af fortiden og projicerede halvt en trussel om fremtiden

zuweilen traf sie durch ihre bittere, geistreiche und scharfe Kritik die Bourgeoisie bis ins Mark

til tider ramte den med sin bitre, vittige og skarpe kritik borgerskabet helt ind i hjertet

aber es war immer lächerlich in seiner Wirkung, weil es völlig unfähig war, den Gang der neueren Geschichte zu begreifen

men den var altid latterlig i sin virkning, fordi den var fuldstændig ude af stand til at forstå den moderne histories gang

Die Aristokratie schwenkte, um das Volk um sich zu scharen, den proletarischen Almosensack als Banner

For at samle folket viftede aristokratiet med den proletariske
almissepose foran et banner
**Aber das Volk, so oft es sich zu ihnen gesellte, sah auf
seinem Hinterteil die alten Feudalwappen**
Men så ofte folket sluttede sig til dem, så de gamle feudale
våbenskjolde på deres bagdel
Und sie verließen mit lautem und respektlosem Gelächter
og de deserterede med høj og uærbødig latter
**Ein Teil der französischen Legitimisten und des "jungen
Englands" zeigte dieses Schauspiel**
En sektion af de franske legitimister og "Young England"
udstillede dette skuespil
**die Feudalisten wiesen darauf hin, dass ihre
Ausbeutungsweise eine andere sei als die der Bourgeoisie**
feudalisterne påpegede, at deres udbytningsmåde var
anderledes end bourgeoisiets
**Die Feudalisten vergessen, dass sie unter ganz anderen
Umständen und Bedingungen ausgebeutet haben**
Feudalisterne glemmer, at de udnyttede under helt andre
omstændigheder og betingelser
**Und sie haben nicht bemerkt, dass solche Methoden der
Ausbeutung heute veraltet sind**
og de bemærkede ikke, at sådanne udnyttelsesmetoder nu er
forældede
**Sie zeigten, dass unter ihrer Herrschaft das moderne
Proletariat nie existiert hat**
De viste, at det moderne proletariat aldrig har eksisteret under
deres herredømme
**aber sie vergessen, daß die moderne Bourgeoisie der
notwendige Sprößling ihrer eigenen Gesellschaftsform ist**
men de glemmer, at det moderne bourgeoisi er det
nødvendige afkom af deres egen samfundsform
**Im übrigen verbergen sie kaum den reaktionären Charakter
ihrer Kritik**
I øvrigt lægger de næppe skjul på den reaktionære karakter af
deres kritik

ihre Hauptanklage gegen die Bourgeoisie läuft auf folgendes hinaus

deres hovedanklage mod bourgeoisiet går ud på følgende

unter dem Boureoisie Regime entwickelt sich eine soziale Klasse

under borgerskabets regime udvikles en social klasse

Diese soziale Klasse ist dazu bestimmt, die alte Gesellschaftsordnung an der Wurzel zu zerschneiden

Denne sociale klasse er bestemt til at skære den gamle samfundsorden op med rod og forgrene

Womit sie die Bourgeoisie aufpeppen, ist nicht so sehr, dass sie ein Proletariat schafft

Det, de bebrejder bourgeoisiet for, er ikke så meget, at det skaber et proletariat

womit sie die Bourgeoisie aufpeppen, ist mehr, dass sie ein revolutionäres Proletariat schafft

det, de bebrejder bourgeoisiet for, er mere, at det skaber et revolutionært proletariat

In der politischen Praxis beteiligen sie sich daher an allen Zwangsmaßnahmen gegen die Arbeiterklasse

I den politiske praksis deltager de derfor i alle tvangsforanstaltninger mod arbejderklassen

Und im gewöhnlichen Leben bücken sie sich, trotz ihrer hochtrabenden Phrasen, um die goldenen Äpfel aufzuheben, die vom Baum der Industrie fallen gelassen wurden

og i det almindelige liv, på trods af deres højtravende sætninger, bøjer de sig ned for at samle de gyldne æbler, der er faldet ned fra industriens træ

Und sie tauschen Wahrheit, Liebe und Ehre gegen den Handel mit Wolle, Rote-Bete-Zucker und Kartoffelbränden

og de bytter sandhed, kærlighed og ære for handel med uld, rødbedesukker og kartoffelbrændevin

Wie der Pfarrer immer Hand in Hand mit dem Gutsherrn gegangen ist, so ist es der klerikale Sozialismus mit dem feudalen Sozialismus getan

Ligesom præsten altid er gået hånd i hånd med godsejeren,
således er gejstlig socialisme med feudal socialisme
**Nichts ist leichter, als der christlichen Askese einen
sozialistischen Anstrich zu geben**
Intet er lettere end at give kristen askese et socialistisk skær
**Hat nicht das Christentum gegen das Privateigentum, gegen
die Ehe, gegen den Staat deklamiert?**
Har kristendommen ikke forkyndt mod privatejendommen,
mod ægteskabet, mod staten?
**Hat das Christentum nicht an die Stelle dieser
Nächstenliebe und Armut getreten?**
Har kristendommen ikke prædiket i stedet for disse,
næstekærlighed og fattigdom?
**Predigt das Christentum nicht den Zölibat und die Abtötung
des Fleisches, das monastische Leben und die Mutter
Kirche?**
Prædiker kristendommen ikke cølibatet og kødets dødgørelse,
klosterlivet og moderkirken?
**Der christliche Sozialismus ist nur das Weihwasser, mit dem
der Priester das Herzbrennen des Aristokraten weiht**
Kristen socialisme er kun det hellige vand, hvormed præsten
indvier aristokratens hjertebrændende

b) Kleinbürgerlicher Sozialismus
b) Småborgerlig socialisme

**Die feudale Aristokratie war nicht die einzige Klasse, die
von der Bourgeoisie ruiniert wurde**
Det feudale aristokrati var ikke den eneste klasse, der blev
ruineret af bourgeoisiet
**sie war nicht die einzige Klasse, deren Existenzbedingungen
in der Atmosphäre der modernen Bourgeoisie Gesellschaft
schmachten und zugrunde gingen**
det var ikke den eneste klasse, hvis eksistensbetingelser
forsvandt og gik til grunde i atmosfæren i det moderne
borgerskab
**Die mittelalterliche Bürgerschaft und die kleinbäuerlichen
Eigentümer waren die Vorläufer des modernen Bourgeoisie**
Middelalderens borgerskaber og småbønderne var forløbere
for det moderne bourgeoisi
**In den Ländern, die industriell und kommerziell nur wenig
entwickelt sind, vegetieren diese beiden Klassen noch Seite
an Seite**
I de lande, der kun er lidet udviklede, industrielt og
kommercielt, beveges disse to klasser stadig side om side
**und in der Zwischenzeit erhebt sich die Bourgeoisie neben
ihnen: industriell, kommerziell und politisch**
og i mellemtiden rejser bourgeoisiet sig ved siden af dem:
industrielt, kommercielt og politisk
**In den Ländern, in denen die moderne Zivilisation voll
entwickelt ist, hat sich eine neue Klasse des
Kleinbourgeoisie gebildet**
I lande, hvor den moderne civilisation er blevet fuldt udviklet,
er der dannet en ny klasse af småborgerskab
**diese neue soziale Klasse schwankt zwischen Proletariat
und Bourgeoisie**
denne nye sociale klasse svinger mellem proletariat og
bourgeoisi

und sie erneuert sich ständig als ergänzender Teil der Bourgeoisie Gesellschaft

og den fornyer sig hele tiden som en supplerende del af det borgerlige samfund

Die einzelnen Glieder dieser Klasse aber werden fortwährend in das Proletariat hinabgeschleudert

Men de enkelte medlemmer af denne klasse bliver bestandig kastet ned i proletariatet

sie werden vom Proletariat durch die Einwirkung der Konkurrenz aufgesaugt

de suges op af proletariatet gennem konkurrencens handling

In dem Maße, wie sich die moderne Industrie entwickelt, sehen sie sogar den Augenblick herannahen, in dem sie als eigenständiger Teil der modernen Gesellschaft völlig verschwinden wird

Efterhånden som den moderne industri udvikler sig, ser de endda det øjeblik nærme sig, hvor de helt vil forsvinde som en uafhængig del af det moderne samfund

Sie werden in der Manufaktur, in der Landwirtschaft und im Handel durch Aufseher, Gerichtsvollzieher und Krämer ersetzt werden

De vil blive erstattet af opsynsmænd, fogeder og købmænd inden for manufaktur, landbrug og handel

In Ländern wie Frankreich, wo die Bauern weit mehr als die Hälfte der Bevölkerung ausmachen

I lande som Frankrig, hvor bønderne udgør langt mere end halvdelen af befolkningen

es war natürlich, dass es Schriftsteller gab, die sich auf die Seite des Proletariats gegen die Bourgeoisie stellten

det var naturligt, at der var forfattere, der stillede sig på proletariatets side mod bourgeoisiet

in ihrer Kritik am Bourgeoisie Regime benutzten sie den Maßstab des Bauern- und Kleinbourgeoisie

i deres kritik af borgerskabets regime brugte de bonde- og småborgerskabets fane

Und vom Standpunkt dieser Zwischenklassen aus ergreifen sie die Keule für die Arbeiterklasse

og fra disse mellemklassers synspunkt tager de kampen op for arbejderklassen

So entstand der Kleinbourgeoisie Sozialismus, dessen Haupt Sismondi nicht nur in Frankreich, sondern auch in England war

Således opstod småborgerlig socialisme, som Sismondi var leder af denne skole, ikke blot i Frankrig, men også i England

Diese Schule des Sozialismus sezierte mit großer Schärfe die Widersprüche in den Bedingungen der modernen Produktion

Denne socialisme dissekerede med stor skarphed modsigelserne i den moderne produktions betingelser

Diese Schule entlarvte die heuchlerischen Entschuldigungen der Ökonomen

Denne skole afslørede økonomernes hykleriske undskyldninger

Diese Schule bewies unwiderlegbar die verheerenden Auswirkungen der Maschinerie und der Arbeitsteilung

Denne skole beviste uomtvisteligt de katastrofale virkninger af maskiner og arbejdsdeling

Es bewies die Konzentration von Kapital und Grund und Boden in wenigen Händen

det beviste, at kapital og jord var koncentreret på få hænder

sie bewies, wie Überproduktion zu Bourgeoisie-Krisen führt

den beviste, hvordan overproduktion fører til borgerskabets kriser

sie wies auf den unvermeidlichen Ruin des Kleinbourgeoisie' und der Bauern hin

den påpegede småborgerskabets og bondens uundgåelige undergang

das Elend des Proletariats, die Anarchie in der Produktion, die schreiende Ungleichheit in der Verteilung des Reichtums

proletariatets elendighed, anarkiet i produktionen, de
skrigende uligheder i fordelingen af rigdom

**Er zeigte, wie das Produktionssystem den industriellen
Vernichtungskrieg zwischen den Nationen führt**

den viste, hvordan produktionssystemet fører den industrielle
udryddelseskrig mellem nationer

**die Auflösung der alten sittlichen Bande, der alten
Familienverhältnisse, der alten Nationalitäten**

opløsningen af gamle moralske bånd, af de gamle
familieforhold, af de gamle nationaliteter

**In ihren positiven Zielen strebt diese Form des Sozialismus
jedoch eines von zwei Dingen an**

I sine positive mål stræber denne form for socialisme
imidlertid efter at opnå en af to ting

**Entweder zielt sie darauf ab, die alten Produktions- und
Tauschmittel wiederherzustellen**

enten sigter den mod at genoprette de gamle produktions- og
udvekslingsmidler

**und mit den alten Produktionsmitteln würde sie die alten
Eigentumsverhältnisse und die alte Gesellschaft
wiederherstellen**

og med de gamle produktionsmidler ville det genoprette de
gamle ejendomsforhold og det gamle samfund

**oder sie zielt darauf ab, die modernen Produktions- und
Austauschmittel in den alten Rahmen der
Eigentumsverhältnisse zu zwängen**

eller den sigter mod at indsnævre de moderne produktions-
og udvekslingsmidler i de gamle rammer for
ejendomsforholdene

In beiden Fällen ist es sowohl reaktionär als auch utopisch

I begge tilfælde er det både reaktionært og utopisk

**Seine letzten Worte lauten: Korporativzünfte für die
Manufaktur, patriarchalische Verhältnisse in der
Landwirtschaft**

Dens sidste ord er: korporative laug for fremstilling,
patriarkalske relationer i landbruget

Schließlich, als hartnäckige historische Tatsachen alle berauschenden Wirkungen der Selbsttäuschung zerstreut hatten,

I sidste ende, da stædige historiske kendsgerninger havde spredt alle berusende virkninger af selvbedrag

diese Form des Sozialismus endete in einem elenden Anfall von Mitleid

denne form for socialisme endte i et ynkeligt anfald af medlidenhed

c) Deutscher oder "wahrer" Sozialismus
c) Tysk eller "sand" socialisme

**Die sozialistische und kommunistische Literatur
Frankreichs entstand unter dem Druck einer herrschenden
Bourgeoisie**
Den socialistiske og kommunistiske litteratur i Frankrig
opstod under pres fra et borgerskab ved magten
**Und diese Literatur war der Ausdruck des Kampfes gegen
diese Macht**
og denne litteratur var udtryk for kampen mod denne magt
**sie wurde in Deutschland zu einer Zeit eingeführt, als die
Bourgeoisie gerade ihren Kampf mit dem feudalen
Absolutismus begonnen hatte**
den blev indført i Tyskland på et tidspunkt, hvor bourgeoisiet
netop havde indledt sin kamp mod feudal enevælde
**Deutsche Philosophen, Möchtegern-Philosophen und Beaux
Esprits griffen begierig zu dieser Literatur**
Tyske filosoffer, vordende filosoffer og beaux esprits greb
ivrigt fat i denne litteratur
**aber sie vergaßen, daß die Schriften aus Frankreich nach
Deutschland einwanderten, ohne die französischen
Gesellschaftsverhältnisse mitzubringen**
men de glemte, at skrifterne indvandrede fra Frankrig til
Tyskland uden at bringe de franske sociale forhold med sig
**Im Kontakt mit den deutschen gesellschaftlichen
Verhältnissen verlor diese französische Literatur ihre
unmittelbare praktische Bedeutung**
I kontakt med tyske samfundsforhold mistede denne franske
litteratur al sin umiddelbare praktiske betydning
**und die kommunistische Literatur Frankreichs nahm in
deutschen akademischen Kreisen einen rein literarischen
Aspekt an**
og den kommunistiske litteratur i Frankrig antog et rent
litterært aspekt i tyske akademiske kredse

So waren die Forderungen der ersten Französischen Revolution nichts anderes als die Forderungen der "praktischen Vernunft"

Således var den første franske revolutions krav ikke andet end kravene fra "praktisk fornuft"

und die Willensäußerung der revolutionären französischen Bourgeoisie bedeutete in ihren Augen das Gesetz des reinen Willens

og det revolutionære franske bourgeoisis viljeudtale betød i deres øjne den rene viljes lov

es bedeutete den Willen, wie er sein mußte; des wahren menschlichen Willens überhaupt

det betød vilje, som det var nødt til at være; af sand menneskelig vilje generelt

Die Welt der deutschen Literaten bestand einzig und allein darin, die neuen französischen Ideen mit ihrem alten philosophischen Gewissen in Einklang zu bringen

De tyske litteraters verden bestod udelukkende i at bringe de nye franske ideer i harmoni med deres gamle filosofiske samvittighed

oder vielmehr, sie annektierten die französischen Ideen, ohne ihren eigenen philosophischen Standpunkt aufzugeben

eller rettere, de annekterede de franske ideer uden at svigte deres eget filosofiske synspunkt

Diese Annexion vollzog sich auf die gleiche Weise, wie man sich eine Fremdsprache aneignet, nämlich durch Übersetzung

Denne annektering fandt sted på samme måde, som et fremmedsprog tilegnes, nemlig ved oversættelse

Es ist bekannt, wie die Mönche alberne Leben katholischer Heiliger über Manuskripte schrieben

Det er velkendt, hvordan munkene skrev fjollede liv om katolske helgener over manuskripter

die Manuskripte, auf denen die klassischen Werke des antiken Heidentums geschrieben waren

de manuskripter, hvorpå de klassiske værker fra den gamle
hedenskab var blevet skrevet
**Die deutschen Literaten kehrten diesen Prozess mit der
profanen französischen Literatur um**
De tyske litterater vendte denne proces med den profane
franske litteratur
**Sie schrieben ihren philosophischen Unsinn unter das
französische Original**
De skrev deres filosofiske nonsens under den franske original
**Zum Beispiel schrieben sie unter der französischen Kritik an
den ökonomischen Funktionen des Geldes "Entfremdung
der Menschheit"**
For eksempel skrev de under den franske kritik af pengenes
økonomiske funktioner "Fremmedgørelse af menneskeheden"
**unter die französische Kritik am Bourgeoisie Staat schrieben
sie "Entthronung der Kategorie des Generals"**
under den franske kritik af borgerstaten skrev de
"detronisering af generalens kategori"
**Die Einführung dieser philosophischen Phrasen hinter der
französischen Geschichtskritik nannten sie:**
Introduktionen af disse filosofiske sætninger bagerst i den
franske historiekritik, de kaldte:
**"Philosophie des Handelns", "Wahrer Sozialismus",
"Deutsche Sozialismuswissenschaft", "Philosophische
Grundlagen des Sozialismus" und so weiter**
"Handlingsfilosofi", "Sand socialisme", "Tysk videnskab om
socialisme", "Socialismens filosofiske grundlag" og så videre
**Die französische sozialistische und kommunistische
Literatur wurde damit völlig entmannt**
Den franske socialistiske og kommunistiske litteratur blev
således fuldstændig kastreret
**in den Händen der deutschen Philosophen hörte sie auf, den
Kampf der einen Klasse mit der anderen auszudrücken**
i hænderne på de tyske filosoffer ophørte den med at
udtrykke den ene klasses kamp mod den anden

und so fühlten sich die deutschen Philosophen bewußt, die "französische Einseitigkeit" überwunden zu haben

og derfor følte de tyske filosoffer sig bevidste om at have overvundet "fransk ensidighed"

Sie musste keine wahren Forderungen repräsentieren, sondern sie repräsentierte Forderungen der Wahrheit

den behøvede ikke at repræsentere sande krav, snarere repræsenterede den krav om sandhed

es gab kein Interesse am Proletariat, sondern an der menschlichen Natur

der var ingen interesse for proletariatet, snarere var der interesse for den menneskelige natur

das Interesse galt dem Menschen überhaupt, der keiner Klasse angehört und keine Wirklichkeit hat

interessen var for mennesket i almindelighed, som ikke tilhører nogen klasse og ikke har nogen virkelighed

ein Mann, der nur im nebligen Reich der philosophischen Fantasie existiert

en mand, der kun eksisterer i den filosofiske fantasis tågede rige

aber schließlich verlor auch dieser deutsche Schulsozialismus seine pedantische Unschuld

men til sidst mistede også denne skoledreng tyske socialisme sin pedantiske uskyld

die deutsche Bourgeoisie und besonders die preußische Bourgeoisie kämpfte gegen die feudale Aristokratie

det tyske bourgeoisi og især det preussiske bourgeoisi kæmpede mod det feudale aristokrati

auch die absolute Monarchie Deutschlands und Preußens wurde bekämpft

det absolutte monarki Tyskland og Preussen blev også bekæmpet

Und im Gegenzug wurde auch die Literatur der liberalen Bewegung ernster

og til gengæld blev den liberale bevægelses litteratur også mere alvorlig

Deutschlands lang ersehnte Chance auf einen "wahren" Sozialismus wurde geboten

Tysklands længe ønskede mulighed for "ægte" socialisme blev tilbudt

die Möglichkeit, die politische Bewegung mit den sozialistischen Forderungen zu konfrontieren

muligheden for at konfrontere den politiske bevægelse med de socialistiske krav

die Gelegenheit, die traditionellen Bannsprüche gegen den Liberalismus zu schleudern

Muligheden for at slynge de traditionelle bandlysninger mod liberalismen

die Möglichkeit, die repräsentative Regierung und die Bourgeoisie Konkurrenz anzugreifen

muligheden for at angribe den repræsentative regering og borgerskabets konkurrence

Pressefreiheit der Bourgeoisie, Bourgeoisie Gesetzgebung, Bourgeoisie Freiheit und Gleichheit

Borgerskabets pressefrihed, borgerskabets lovgivning, borgerskabets frihed og lighed

All dies könnte nun in der realen Welt kritisiert werden, anstatt in der Fantasie

Alle disse kunne nu kritiseres i den virkelige verden snarere end i fantasien

Feudalaristokratie und absolute Monarchie hatten den Massen lange gepredigt

Feudalt aristokrati og enevælde monarki havde længe prædiket for masserne

"Der Arbeiter hat nichts zu verlieren und er hat alles zu gewinnen"

"Den arbejdende mand har intet at tabe, og han har alt at vinde"

auch die Bourgeoisie bewegung bot eine Chance, sich mit diesen Plattitüden auseinanderzusetzen

borgerbevægelsen tilbød også en chance for at konfrontere disse floskler

die französische Kritik setzte die Existenz der modernen Bourgeoisie Gesellschaft voraus
den franske kritik forudsatte eksistensen af det moderne borgerskab

Bourgeoisie, ökonomische Existenzbedingungen und Bourgeoisie politische Verfassung
Borgerskabets økonomiske eksistensbetingelser og borgerskabets politiske forfatning

gerade die Dinge, deren Errungenschaft Gegenstand des in Deutschland anstehenden Kampfes war
de ting, hvis opnåelse var målet for den forestående kamp i Tyskland

Deutschlands albernes Echo des Sozialismus hat diese Ziele gerade noch rechtzeitig aufgegeben
Tysklands fjollede ekko af socialisme opgav disse mål lige i sidste øjeblik

Die absoluten Regierungen hatten ihre Gefolgschaft aus Pfarrern, Professoren, Landjunkern und Beamten
De absolutte regeringer havde deres tilhængerskare af præster, professorer, godsejere og embedsmænd

die damalige Regierung begegnete den deutschen Arbeiteraufständen mit Auspeitschungen und Kugeln
den daværende regering mødte de tyske arbejderstande med piskninger og kugler

ihnen diente dieser Sozialismus als willkommene Vogelscheuche gegen die drohende Bourgeoisie
for dem tjente denne socialisme som et velkomment fugleskræmsel mod det truende bourgeoisi

und die deutsche Regierung konnte nach den bitteren Pillen, die sie austeilte, ein süßes Dessert anbieten
og den tyske regering var i stand til at tilbyde en sød dessert efter de bitre piller, den uddelte

dieser "wahre" Sozialismus diente also den Regierungen als Waffe im Kampf gegen die deutsche Bourgeoisie
denne »sande« socialisme tjente således regeringerne som et våben til at bekæmpe det tyske bourgeoisi

und gleichzeitig repräsentierte sie direkt ein reaktionäres Interesse; die der deutschen Philister

og samtidig repræsenterede den direkte en reaktionær interesse; de tyske filistre,

In Deutschland ist das Kleinbourgeoisie die wirkliche gesellschaftliche Grundlage des bestehenden Zustandes

I Tyskland er småborgerskabets klasse det virkelige sociale grundlag for den bestående tingenes tilstand

Ein Relikt des sechzehnten Jahrhunderts, das immer wieder in verschiedenen Formen auftaucht

et levn fra det sekstende århundrede, der konstant er dukket op under forskellige former

Diese Klasse zu bewahren bedeutet, den bestehenden Zustand in Deutschland zu bewahren

At bevare denne klasse er at bevare den eksisterende tingenes tilstand i Tyskland

Die industrielle und politische Vorherrschaft der Bourgeoisie bedroht das KleinBourgeoisie mit der sicheren Vernichtung

Bourgeoisiets industrielle og politiske overherredømme truer småborgerskabet med sikker ødelæggelse

auf der einen Seite droht sie das Kleinbourgeoisiedurch die Konzentration des Kapitals zu vernichten

på den ene side truer den med at ødelægge småborgerskabet gennem koncentration af kapital

auf der anderen Seite droht die Bourgeoisie, sie durch den Aufstieg eines revolutionären Proletariats zu zerstören

på den anden side truer bourgeoisiet med at ødelægge det gennem et revolutionært proletariats fremkomst

Der "wahre" Sozialismus schien diese beiden Fliegen mit einer Klappe zu schlagen. Es breitete sich wie eine Epidemie aus

Den "sande" socialisme syntes at slå disse to fluer med et smæk. Det spredte sig som en epidemi

Das Gewand spekulativer Spinnweben, bestickt mit Blumen der Rhetorik, durchtränkt vom Tau kränklicher Gefühle

Kappen af spekulative spindelvæv, broderet med retorikkens blomster, gennemsyret af sygelige følelsers dug

dieses transzendentale Gewand, in das die deutschen Sozialisten ihre traurigen "ewigen Wahrheiten" hüllten

denne transcendentale kappe, som de tyske socialister svøbte deres sørgelige »evige sandheder« i.

alle Haut und Knochen, dienten dazu, den Absatz ihrer Waren bei einem solchen Publikum wunderbar zu vermehren.

alle skind og ben, tjente til vidunderligt at øge salget af deres varer blandt et sådant publikum

Und der deutsche Sozialismus seinerseits erkannte mehr und mehr seine eigene Berufung

Og på sin side anerkendte den tyske socialisme mere og mere sit eget kald

sie war berufen, die bombastische Vertreterin des Kleinbourgeoisie Philisters zu sein

den blev kaldt den bombastiske repræsentant for den småborgerlige filister

Sie proklamierte die deutsche Nation als Musternation und den deutschen Kleinphilister als Mustermann

Den proklamerede den tyske nation som mønsternationen og den tyske småfilister som mønstermennesket

Jeder schurkischen Gemeinheit dieses Mustermenschen gab sie eine verborgene, höhere, sozialistische Deutung

Til enhver skurkagtig ondskabsfuldhed hos dette mønstermenneske gav den en skjult, højere, socialistisk fortolkning

diese höhere, sozialistische Deutung war das genaue Gegenteil ihres wirklichen Charakters

denne højere, socialistiske fortolkning var det stik modsatte af dens virkelige karakter

Sie ging so weit, sich der "brutal destruktiven" Tendenz des Kommunismus direkt entgegenzustellen

Den gik så langt som til direkte at modsætte sig kommunismens "brutalt destruktive" tendens

und sie proklamierte ihre höchste und unparteiische Verachtung aller Klassenkämpfe

og den proklamerede sin højeste og upartiske foragt for alle klassekampe

Mit sehr wenigen Ausnahmen gehören alle sogenannten sozialistischen und kommunistischen Publikationen, die jetzt (1847) in Deutschland zirkulieren, in den Bereich dieser üblen und entnervenden Literatur

Med meget få undtagelser hører alle de såkaldte socialistiske og kommunistiske publikationer, der nu (1847) cirkulerer i Tyskland, til denne modbydelige og enerverende litteraturs domæne

2) Konservativer Sozialismus oder bürgerlicher Sozialismus
2) Konservativ socialisme eller borgerlig socialisme

Ein Teil der Bourgeoisie will soziale Missstände beseitigen
En del af bourgeoisiet ønsker at råde bod på sociale klager
um den Fortbestand der Bourgeoisie Gesellschaft zu sichern
for at sikre det borgerlige samfunds fortsatte eksistens
Zu dieser Sektion gehören Ökonomen, Philanthropen, Menschenfreunde
Til denne sektion hører økonomer, filantroper, humanister
Verbesserer der Lage der Arbeiterklasse und Organisatoren der Wohltätigkeit
Forbedringer af arbejderklassens vilkår og organisatorer af velgørenhed
Mitglieder von Gesellschaften zur Verhütung von Tierquälerei
medlemmer af selskaber til forebyggelse af dyremishandling
Mäßigkeitsfanatiker, Loch-und-Ecken-Reformer aller erdenklichen Art
afholdsfanatikere, hul-og-hjørne-reformatorer af enhver tænkelig art
Diese Form des Sozialismus ist überdies zu vollständigen Systemen ausgearbeitet worden
Denne form for socialisme er desuden blevet udarbejdet til komplette systemer
Als Beispiel für diese Form sei Proudhons "Philosophie de la Misère" angeführt
Vi kan nævne Proudhons "Philosophie de la Misère" som et eksempel på denne form
Die sozialistische Bourgeoisie will alle Vorteile der modernen gesellschaftlichen Verhältnisse
Det socialistiske bourgeoisi ønsker alle fordelene ved moderne samfundsforhold
aber die sozialistische Bourgeoisie will nicht unbedingt die daraus resultierenden Kämpfe und Gefahren

men det socialistiske bourgeoisi ønsker ikke nødvendigvis de deraf følgende kampe og farer

Sie wollen den bestehenden Zustand der Gesellschaft, abzüglich ihrer revolutionären und zerfallenden Elemente

De ønsker den eksisterende samfundstilstand minus dets revolutionære og opløsende elementer

mit anderen Worten, sie wünschen sich eine Bourgeoisie ohne Proletariat

med andre ord, de ønsker et bourgeoisi uden proletariat

Die Bourgeoisie begreift natürlich die Welt, in der sie die höchste ist, die Beste zu sein

Bourgeoisiet forestiller sig naturligvis den verden, hvor det er suverænt at være den bedste

und der Bourgeoisie Sozialismus entwickelt diese bequeme Auffassung zu verschiedenen mehr oder weniger vollständigen Systemen

og borgersocialismen udvikler denne behagelige opfattelse til forskellige mere eller mindre komplette systemer

sie wünschen sich sehr, dass das Proletariat geradewegs in das soziale Neue Jerusalem marschiert

de ville meget gerne have, at proletariatet straks marcherede ind i det sociale nye Jerusalem

Aber in Wirklichkeit verlangt sie, dass das Proletariat innerhalb der Grenzen der bestehenden Gesellschaft bleibt

men i virkeligheden kræver det, at proletariatet holder sig inden for det eksisterende samfunds grænser

sie fordern das Proletariat auf, alle seine hasserfüllten Ideen über die Bourgeoisie abzulegen

de beder proletariatet om at forkaste alle deres hadefulde ideer om bourgeoisiet

es gibt eine zweite, praktischere, aber weniger systematische Form dieses Sozialismus

der er en anden mere praktisk, men mindre systematisk form for denne socialisme

Diese Form des Sozialismus versuchte, jede revolutionäre Bewegung in den Augen der Arbeiterklasse abzuwerten

Denne form for socialisme forsøgte at nedvurdere enhver revolutionær bevægelse i arbejderklassens øjne

Sie argumentieren, dass keine bloße politische Reform für sie von Vorteil sein könnte

De hævder, at ingen simpel politisk reform kan være til nogen fordel for dem

nur eine Veränderung der materiellen Existenzbedingungen in den wirtschaftlichen Beziehungen ist von Nutzen

kun en ændring af de materielle betingelser for eksistensen i de økonomiske forhold er til gavn for

Wie der Kommunismus tritt auch diese Form des Sozialismus für eine Veränderung der materiellen Existenzbedingungen ein

Ligesom kommunismen går denne form for socialisme ind for en ændring af de materielle eksistensbetingelser

Diese Form des Sozialismus bedeutet jedoch keineswegs, dass die Bourgeoisie Produktionsverhältnisse abgeschafft werden

men denne form for socialisme antyder på ingen måde afskaffelsen af bourgeoisiets produktionsforhold

die Abschaffung der Bourgeoisie Produktionsverhältnisse kann nur durch eine Revolution erreicht werden

afskaffelsen af bourgeoisiets produktionsforhold kan kun opnås gennem en revolution

Doch statt einer Revolution schlägt diese Form des Sozialismus Verwaltungsreformen vor

Men i stedet for en revolution foreslår denne form for socialisme administrative reformer

und diese Verwaltungsreformen würden auf dem Fortbestand dieser Beziehungen beruhen

og disse administrative reformer vil være baseret på disse forbindelsers fortsatte eksistens

Reformen, die in keiner Weise die Beziehungen zwischen Kapital und Arbeit berühren

reformer, der på ingen måde påvirker forholdet mellem kapital og arbejde

im besten Fall verringern solche Reformen die Kosten und vereinfachen die Verwaltungsarbeit der Bourgeoisie Regierung

i bedste fald mindsker sådanne reformer omkostningerne og forenkler borgerskabets regerings administrative arbejde

Der Bourgeoisie Sozialismus kommt dann und nur dann adäquat zum Ausdruck, wenn er zur bloßen Redewendung wird

Den borgerlige socialisme opnår et fyldestgørende udtryk, når og kun når den bliver en simpel talemåde

Freihandel: zum Wohle der Arbeiterklasse

Frihandel: til gavn for arbejderklassen

Schutzpflichten: zum Wohle der Arbeiterklasse

Beskyttelsestold: til gavn for arbejderklassen

Gefängnisreform: zum Wohle der Arbeiterklasse

Fængselsreform: til gavn for arbejderklassen

Das ist das letzte Wort und das einzig ernst gemeinte Wort des Bourgeoisie Sozialismus

Dette er det sidste ord og det eneste seriøst mente ord i den borgerlige socialisme

Sie ist in dem Satz zusammengefasst: Die Bourgeoisie ist eine Bourgeoisie zum Wohle der Arbeiterklasse

Det er opsummeret i sætningen: Borgerskabet er et borgerskab til gavn for arbejderklassen

3) Kritisch-utopischer Sozialismus und Kommunismus
3) Kritisk-utopisk socialisme og kommunisme

Wir beziehen uns hier nicht auf jene Literatur, die den Forderungen des Proletariats immer eine Stimme gegeben hat
Vi henviser her ikke til den litteratur, der altid har givet udtryk for proletariatets krav

dies war in jeder großen modernen Revolution vorhanden, wie z. B. in den Schriften von Babeuf und anderen
dette har været til stede i enhver stor moderne revolution, såsom Babeufs og andres skrifter

Die ersten unmittelbaren Versuche des Proletariats, seine eigenen Ziele zu erreichen, scheiterten notwendigerweise
Proletariatets første direkte forsøg på at nå sine egne mål mislykkedes nødvendigvis

Diese Versuche wurden in Zeiten allgemeiner Aufregung unternommen, als die feudale Gesellschaft gestürzt wurde
Disse forsøg blev gjort i tider med universel spænding, da det feudale samfund blev styrtet

Der damals noch unterentwickelte Zustand des Proletariats führte zum Scheitern dieser Versuche
proletariatets dengang uudviklede tilstand førte til, at disse forsøg mislykkedes

und sie scheiterten am Fehlen der wirtschaftlichen Voraussetzungen für ihre Emanzipation
og de mislykkedes på grund af manglen på de økonomiske betingelser for dens frigørelse

Bedingungen, die erst noch geschaffen werden mussten und die durch die bevorstehende Epoche der Bourgeoisie allein hervorgebracht werden konnten
betingelser, der endnu ikke var blevet frembragt, og som kunne skabes af den forestående borgerskabsepoke alene

Die revolutionäre Literatur, die diese ersten Bewegungen des Proletariats begleitete, hatte notwendigerweise einen reaktionären Charakter

Den revolutionære litteratur, der ledsagede disse
proletariatets første bevægelser, havde nødvendigvis en
reaktionær karakter

**Diese Literatur schärfte universelle Askese und soziale
Nivellierung in ihrer gröbsten Form ein**

Denne litteratur indprentede universel askese og social
nivellering i sin groveste form

**Die sozialistischen und kommunistischen Systeme, die man
eigentlich so nennt, entstehen in der frühen unentwickelten
Periode**

De socialistiske og kommunistiske systemer, egentlig såkaldte,
opstår i den tidlige uudviklede periode

**Saint-Simon, Fourier, Owen und andere beschrieben den
Kampf zwischen Proletariat und Bourgeoisie (siehe
Abschnitt 1)**

Saint-Simon, Fourier, Owen og andre beskrev kampen mellem
proletariat og borgerskab (se afsnit 1)

**Die Begründer dieser Systeme sehen in der Tat die
Klassengegensätze**

Grundlæggerne af disse systemer ser faktisk
klassemodsætningerne

**Sie sehen auch das Wirken der sich zersetzenden Elemente
in der herrschenden Gesellschaftsform**

de ser også de nedbrydende elementers virkning i den
fremherskende samfundsform

**Aber das Proletariat, das noch in den Kinderschuhen steckt,
bietet ihnen das Schauspiel einer Klasse ohne jede
historische Initiative**

Men proletariatet, der endnu er i sin vorden, tilbyder dem et
skuespil af en klasse uden noget historisk initiativ

**Sie sehen das Schauspiel einer sozialen Klasse ohne
unabhängige politische Bewegung**

de ser synet af en social klasse uden nogen uafhængig politisk
bevægelse

**Die Entwicklung des Klassengegensatzes hält mit der
Entwicklung der Industrie Schritt**

Udviklingen af klassemodsætninger holder trit med
industriens udvikling
**Die ökonomische Lage bietet ihnen also noch nicht die
materiellen Bedingungen für die Befreiung des Proletariats**
Den økonomiske situation tilbyder dem derfor endnu ikke de
materielle betingelser for proletariatets befrielse
**Sie suchen also nach einer neuen Sozialwissenschaft, nach
neuen sozialen Gesetzen, die diese Bedingungen schaffen
sollen**
De søger derfor efter en ny samfundsvidenskab, efter nye
sociale love, der skal skabe disse betingelser
**historisches Handeln besteht darin, sich ihrem persönlichen
erfinderischen Handeln zu beugen**
historisk handling er at give efter for deres personlige
opfindsomhed
**Historisch geschaffene Emanzipationsbedingungen sollen
phantastischen Verhältnissen weichen**
Historisk skabte betingelser for frigørelse skal vige for
fantastiske betingelser
**und die allmähliche, spontane Klassenorganisation des
Proletariats soll der Organisation der Gesellschaft weichen**
og proletariatets gradvise, spontane klasseorganisering skal
vige for samfundets organisation
**die Organisation der Gesellschaft, die von diesen Erfindern
eigens ersonnen wurde**
den organisering af samfundet, der er specielt udtænkt af
disse opfindere
**Die zukünftige Geschichte löst sich in ihren Augen in die
Propaganda und die praktische Durchführung ihrer sozialen
Pläne auf**
Fremtidens historie opløser sig i deres øjne i propagandaen og
den praktiske gennemførelse af deres sociale planer
**Bei der Ausarbeitung ihrer Pläne sind sie sich bewußt, daß
sie sich in erster Linie um die Interessen der Arbeiterklasse
kümmern**

Ved udformningen af deres planer er de bevidste om, at de
først og fremmest tager sig af arbejderklassens interesser
**Nur unter dem Gesichtspunkt, die leidendste Klasse zu sein,
existiert das Proletariat für sie**
Kun ud fra det synspunkt, at det er den mest lidende klasse,
eksisterer proletariatet for dem
**Der unentwickelte Zustand des Klassenkampfes und ihre
eigene Umgebung prägen ihre Meinungen**
Klassekampens uudviklede tilstand og deres egne omgivelser
præger deres meninger
**Sozialisten dieser Art halten sich allen Klassengegensätzen
weit überlegen**
Socialister af denne art betragter sig selv som langt overlegne i
forhold til alle klassemodsætninger
**Sie wollen die Lage jedes Mitglieds der Gesellschaft
verbessern, auch die der Begünstigten**
De ønsker at forbedre forholdene for alle medlemmer af
samfundet, selv for de mest begunstigede
**Daher appellieren sie gewöhnlich an die Gesellschaft als
Ganzes, ohne Unterschied der Klasse**
Derfor appellerer de sædvanligvis til samfundet som helhed,
uden skelnen til klasse
**Ja, sie appellieren an die Gesellschaft als Ganzes, indem sie
die herrschende Klasse bevorzugen**
nej, de appellerer til samfundet som helhed ved at foretrække
den herskende klasse
**Für sie ist alles, was es braucht, dass andere ihr System
verstehen**
For dem er alt, hvad det kræver, at andre forstår deres system
**Denn wie können die Menschen nicht erkennen, dass der
bestmögliche Plan für den bestmöglichen Zustand der
Gesellschaft ist?**
For hvordan kan folk undgå at se, at den bedst mulige plan er
for den bedst mulige samfundstilstand?
**Daher lehnen sie jede politische und vor allem jede
revolutionäre Aktion ab**

Derfor afviser de enhver politisk og især al revolutionær handling

Sie wollen ihre Ziele mit friedlichen Mitteln erreichen

de ønsker at nå deres mål med fredelige midler

Sie bemühen sich durch kleine Experimente, die notwendigerweise zum Scheitern verurteilt sind

de bestræber sig ved små eksperimenter, som nødvendigvis er dømt til at mislykkes

und durch die Kraft des Beispiels versuchen sie, den Weg für das neue soziale Evangelium zu ebnen

og ved eksemplets kraft forsøger de at bane vejen for det nye sociale evangelium

Welch phantastische Bilder von der zukünftigen Gesellschaft, gemalt in einer Zeit, in der sich das Proletariat noch in einem sehr unterentwickelten Zustand befindet

Sådanne fantastiske billeder af fremtidens samfund, malet på et tidspunkt, hvor proletariatet stadig er i en meget uudviklet tilstand

und sie hat immer noch nur eine phantastische Vorstellung von ihrer eigenen Stellung

og den har stadig kun en fantastisk opfattelse af sin egen position

aber ihre ersten instinktiven Sehnsüchte entsprechen den Sehnsüchten des Proletariats

men deres første instinktive længsler svarer til proletariatets længsler

Beide sehnen sich nach einem allgemeinen Umbau der Gesellschaft

begge længes efter en generel genopbygning af samfundet

Aber diese sozialistischen und kommunistischen Veröffentlichungen enthalten auch ein kritisches Element

Men disse socialistiske og kommunistiske publikationer indeholder også et kritisk element

Sie greifen jedes Prinzip der bestehenden Gesellschaft an

De angriber ethvert princip i det eksisterende samfund

Daher sind sie voll von den wertvollsten Materialien für die Aufklärung der Arbeiterklasse

Derfor er de fulde af de mest værdifulde materialer til oplysning af arbejderklassen

Sie schlagen die Abschaffung der Unterscheidung zwischen Stadt und Land und der Familie vor

de foreslår afskaffelse af sondringen mellem by og land, og familien

die Abschaffung des Gewerbetreibens für Rechnung von Privatpersonen

afskaffelse af udøvelse af industrier for privatpersoners regning

und die Abschaffung des Lohnsystems und die Proklamation des sozialen Friedens

og afskaffelse af lønsystemet og proklamation af social harmoni

die Verwandlung der Funktionen des Staates in eine bloße Aufsicht über die Produktion

omdannelsen af statens funktioner til en simpel overvågning af produktionen

Alle diese Vorschläge deuten einzig und allein auf das Verschwinden der Klassengegensätze hin

Alle disse forslag peger udelukkende på klassemodsætningernes forsvinden

Klassengegensätze waren damals gerade erst im Entstehen begriffen

Klassemodsætninger var på det tidspunkt kun lige ved at dukke op

In diesen Veröffentlichungen werden diese Klassengegensätze nur in ihren frühesten, undeutlichen und unbestimmten Formen anerkannt

I disse publikationer er disse klassemodsætninger kun genkendt i deres tidligste, utydelige og udefinerede former

Diese Vorschläge haben also rein utopischen Charakter

Disse forslag er derfor af rent utopisk karakter

Die Bedeutung des kritisch-utopischen Sozialismus und des Kommunismus steht in einem umgekehrten Verhältnis zur historischen Entwicklung

Betydningen af den kritisk-utopiske socialisme og kommunisme står i omvendt forhold til den historiske udvikling

Der moderne Klassenkampf wird sich entwickeln und weiter konkrete Gestalt annehmen

Den moderne klassekamp vil udvikle sig og fortsætte med at tage bestemt form

Dieses fantastische Ansehen des Wettbewerbs wird jeden praktischen Wert verlieren

Denne fantastiske status fra konkurrencen vil miste al praktisk værdi

Diese phantastischen Angriffe auf die Klassengegensätze verlieren jede theoretische Rechtfertigung

Disse fantastiske angreb på klassemodsætninger vil miste enhver teoretisk berettigelse

Die Urheber dieser Systeme waren in vielerlei Hinsicht revolutionär

ophavsmændene til disse systemer var i mange henseender revolutionære

Aber ihre Jünger haben in jedem Fall bloße reaktionäre Sekten gebildet

men deres disciple har i alle tilfælde kun dannet reaktionære sekter

Sie halten an den ursprünglichen Ansichten ihrer Meister fest

De holder fast i deres herrers oprindelige synspunkter

Aber diese Anschauungen stehen im Gegensatz zur fortschreitenden geschichtlichen Entwicklung des Proletariats

Men disse anskuelser står i modsætning til proletariatets fremadskridende historiske udvikling

Sie bemühen sich daher, und zwar konsequent, den Klassenkampf abzustumpfen

De bestræber sig derfor på, og det konsekvent, at dræbe
klassekampen

**Und sie bemühen sich konsequent, die Klassengegensätze
zu versöhnen**

og de bestræber sig konsekvent på at forsone
klassemodsætningerne

**Noch träumen sie von der experimentellen Umsetzung ihrer
gesellschaftlichen Utopien**

De drømmer stadig om eksperimentel realisering af deres
sociale utopier

**sie träumen immer noch davon, isolierte "Phalanster" zu
gründen und "Heimatkolonien" zu gründen**

de drømmer stadig om at grundlægge isolerede "falansterer"
og etablere "hjemmekolonier"

**sie träumen davon, eine "Kleine Ikaria" zu errichten –
Duodecimo-Ausgaben des Neuen Jerusalem**

de drømmer om at oprette en "Lille Ikaria" – duodecimo-
udgaver af det nye Jerusalem

**Und sie träumen davon, all diese Luftschlösser zu
verwirklichen**

og de drømmer om at realisere alle disse luftslotte

**Sie sind gezwungen, an die Gefühle und den Geldbeutel der
Bourgeoisie zu appellieren**

de er tvunget til at appellere til borgerskabets følelser og
pengepunge

**Nach und nach sinken sie in die Kategorie der oben
dargestellten reaktionären konservativen Sozialisten**

Lidt efter lidt synker de ned i kategorien af reaktionære
konservative socialister, der er skildret ovenfor

**sie unterscheiden sich von diesen nur durch systematischere
Pedanterie**

de adskiller sig kun fra disse ved mere systematisk pedanteri

**und sie unterscheiden sich durch ihren fanatischen und
abergläubischen Glauben an die Wunderwirkungen ihrer
Sozialwissenschaft**

og de adskiller sig ved deres fanatiske og overtroiske tro på de mirakuløse virkninger af deres samfundsvidenskab

Sie widersetzen sich daher gewaltsam jeder politischen Aktion der Arbeiterklasse

De modsætter sig derfor voldsomt enhver politisk aktion fra arbejderklassens side

ein solches Handeln kann ihrer Meinung nach nur aus blindem Unglauben an das neue Evangelium resultieren

en sådan handling kan ifølge dem kun være et resultat af blind vantro på det nye evangelium

Die Owenisten in England und die Fourieristen in Frankreich stehen den Chartisten und den "Réformisten" entgegen

Owenitterne i England og fourieristerne i Frankrig er imod chartisterne og "réformisterne"

Stellung der Kommunisten zu den verschiedenen bestehenden Oppositionsparteien
Kommunisternes stilling i forhold til de forskellige eksisterende oppositionspartier

Abschnitt II hat die Beziehungen der Kommunisten zu den bestehenden Arbeiterparteien deutlich gemacht
Afsnit II har gjort kommunisternes forhold til de eksisterende arbejderpartier klarlagt.

wie die Chartisten in England und die Agrarreformer in Amerika
såsom chartisterne i England og de agrariske reformatorer i Amerika

Die Kommunisten kämpfen für die Erreichung der unmittelbaren Ziele
Kommunisterne kæmper for at nå de umiddelbare mål

Sie kämpfen für die Durchsetzung der momentanen Interessen der Arbeiterklasse
de kæmper for håndhævelsen af arbejderklassens øjeblikkelige interesser

Aber in der politischen Bewegung der Gegenwart repräsentieren und kümmern sie sich auch um die Zukunft dieser Bewegung
Men i nutidens politiske bevægelse repræsenterer og tager de sig også af denne bevægelses fremtid

In Frankreich verbünden sich die Kommunisten mit den Sozialdemokraten
I Frankrig allierer kommunisterne sig med socialdemokraterne

und sie positionieren sich gegen die konservative und radikale Bourgeoisie
og de stiller sig op mod det konservative og radikale bourgeoisi

sie behalten sich jedoch das Recht vor, eine kritische Position gegenüber Phrasen und Illusionen einzunehmen, die traditionell aus der großen Revolution überliefert sind

de forbeholder sig dog retten til at indtage en kritisk holdning til fraser og illusioner, der traditionelt er overleveret fra den store revolution

In der Schweiz unterstützt man die Radikalen, ohne dabei aus den Augen zu verlieren, dass diese Partei aus antagonistischen Elementen besteht

I Schweiz støtter de de radikale uden at tabe af syne, at dette parti består af fjendtlige elementer

teils von demokratischen Sozialisten im französischen Sinne, teils von radikaler Bourgeoisie

dels af demokratiske socialister, i fransk forstand, dels af radikale bourgeoisi

In Polen unterstützen sie die Partei, die auf einer Agrarrevolution als Hauptbedingung für die nationale Emanzipation beharrt

I Polen støtter de det parti, der insisterer på en landbrugsrevolution som den primære betingelse for national frigørelse

jene Partei, die 1846 den Krakauer Aufstand angezettelt hatte

det parti, der anstiftede opstanden i Krakow i 1846

In Deutschland kämpft man mit der Bourgeoisie, wenn sie revolutionär handelt

I Tyskland kæmper de med bourgeoisiet, når det handler revolutionært

gegen die absolute Monarchie, das feudale Eichhörnchen und das Kleinbourgeoisie

mod enevælden, det feudale godsejerskab og småborgerskabet

Aber sie hören nicht auf, der Arbeiterklasse auch nur einen Augenblick lang eine bestimmte Idee einzuflößen

Men de ophører aldrig et øjeblik med at indgyde arbejderklassen en bestemt idé

die klarste Erkenntnis des feindlichen Antagonismus zwischen Bourgeoisie und Proletariat

den klarest mulige erkendelse af det fjendtlige modsætningsforhold mellem bourgeoisiet og proletariatet

damit die deutschen Arbeiter sofort von den ihnen zur
Verfügung stehenden Waffen Gebrauch machen können
således at de tyske arbejdere straks kan bruge de våben, de har
til rådighed
die sozialen und politischen Bedingungen, die die
Bourgeoisie mit ihrer Herrschaft notwendigerweise
einführen muss
de sociale og politiske betingelser, som bourgeoisiet
nødvendigvis må indføre sammen med dets overherredømme
der Sturz der reaktionären Klassen in Deutschland ist
unvermeidlich
de reaktionære klassers fald i Tyskland er uundgåeligt
und dann kann der Kampf gegen die Bourgeoisie selbst
sofort beginnen
og så kan kampen mod selve bourgeoisiet straks begynde
Die Kommunisten richten ihre Aufmerksamkeit
hauptsächlich auf Deutschland, weil dieses Land am
Vorabend einer Bourgeoisie Revolution steht
Kommunisterne vender hovedsagelig deres opmærksomhed
mod Tyskland, fordi dette land står på tærsklen til en
borgerlig revolution
eine Revolution, die unter den fortgeschritteneren
Bedingungen der europäischen Zivilisation durchgeführt
werden muss
en revolution, der uundgåeligt vil blive gennemført under
mere avancerede forhold i den europæiske civilisation
Und sie wird mit einem viel weiter entwickelten Proletariat
durchgeführt werden
og det må nødvendigvis udføres med et langt mere udviklet
proletariat
ein Proletariat, das weiter fortgeschritten war als das
Englands im 17. und Frankreichs im 18. Jahrhundert
et proletariat, der var mere avanceret end Englands, var i det
syttende og Frankrig i det 18. århundrede

und weil die Bourgeoisie Revolution in Deutschland nur das Vorspiel zu einer unmittelbar folgenden proletarischen Revolution sein wird

og fordi den borgerlige revolution i Tyskland kun vil være optakten til en umiddelbart efterfølgende proletarisk revolution

Kurz gesagt, die Kommunisten unterstützen überall jede revolutionäre Bewegung gegen die bestehende soziale und politische Ordnung der Dinge

Kort sagt, kommunisterne støtter overalt enhver revolutionær bevægelse mod den bestående sociale og politiske orden

In all diesen Bewegungen rücken sie als Leitfrage die Eigentumsfrage in den Vordergrund

I alle disse bevægelser bringer de ejendomsspørgsmålet frem som det ledende spørgsmål i hver af dem

unabhängig davon, wie hoch der Entwicklungsstand in diesem Land zu diesem Zeitpunkt ist

uanset hvor stor dens udviklingsgrad er i det pågældende land på det tidspunkt

Schließlich setzen sie sich überall für die Vereinigung und Zustimmung der demokratischen Parteien aller Länder ein

Endelig arbejder de overalt for foreningen og tilslutningen mellem de demokratiske partier i alle lande

Die Kommunisten verschmähen es, ihre Ansichten und Ziele zu verheimlichen

Kommunisterne foragter at skjule deres synspunkter og mål

Sie erklären offen, dass ihre Ziele nur durch den gewaltsamen Umsturz aller bestehenden gesellschaftlichen Verhältnisse erreicht werden können

De erklærer åbent, at deres mål kun kan nås ved at omstyrte alle eksisterende sociale forhold med magt

Mögen die herrschenden Klassen vor einer kommunistischen Revolution zittern

Lad de herskende klasser skælve over en kommunistisk revolution

Die Proletarier haben nichts zu verlieren als ihre Ketten

Proletarerne har intet andet at tabe end deres lænker
Sie haben eine Welt zu gewinnen
De har en verden at vinde
ARBEITER ALLER LÄNDER, VEREINIGT EUCH!
ARBEJDENDE MÆND FRA ALLE LANDE, FOREN JER!